4차 산업혁명
인사이트 **22**

4차 산업혁명 인사이트 22

발행일	2019년 7월 2일		
지은이	김태완		
펴낸이	손형국		
펴낸곳	(주)북랩		
편집인	선일영	편집	오경진, 강대건, 최예은, 최승헌, 김경무
디자인	이현수, 김민하, 한수희, 김윤주, 허지혜	제작	박기성, 황동현, 구성우, 장홍석
마케팅	김회란, 박진관, 조하라		
출판등록	2004. 12. 1(제2012-000051호)		
주소	서울시 금천구 가산디지털 1로 168, 우림라이온스밸리 B동 B113, 114호		
홈페이지	www.book.co.kr		
전화번호	(02)2026-5777	팩스	(02)2026-5747

ISBN	979-11-6299-754-3 03320 (종이책)	979-11-6299-755-0 05320 (전자책)	

이 도서의 국립중앙도서관 출판예정도서목록(CIP)은 서지정보유통지원시스템 홈페이지(http://seoji.nl.go.kr)와
국가자료공동목록시스템(http://www.nl.go.kr/kolisnet)에서 이용하실 수 있습니다.
(CIP제어번호: CIP2019024845)

(주)북랩 성공출판의 파트너

북랩 홈페이지와 패밀리 사이트에서 다양한 출판 솔루션을 만나 보세요!

홈페이지 book.co.kr　•　**블로그** blog.naver.com/essaybook　•　**원고모집** book@book.co.kr

NOT NEXT CHANGE BUT ANOTHER CHANGE

4차 산업혁명

인사이트

세상은 늘 변해오고 있다. 그리고 앞으로도 변해갈 것이다. 세상은 언제나 이 변화에 잘 적응하고 대응하는 대상에게 모든 혜택을 허용해 왔고, 그들은 이 시대의 승자가 되어 왔다. 그리고 이러한 법칙은 앞으로도 변하지 않을 것이다. 변화는 누구에게나 공평하게 제공된다. 누군가에게는 조금 더 유리한 조건으로 주어지는 것이 아니다. 그런데 어느 누군가는 이 변화를 승자의 기회로 만들고, 다른 누군가는 이 변화로 인해 위기 속으로 곤두박질치곤 한다.

4차 산업혁명, 큰 변화의 물결을 상징하는 말이다. 그리고 그 변화의 물결은 서서히 우리의 곁으로 밀려들어 오고 있다. 우리는 어떻게 이 변화를 받아들일 것인가? 필자는 약 20년 가까운 시기 동안 경영컨설팅 업계에 몸담고 있으면서 여러 유형의 환경 변화에 사회와 산업이 어떻게 대응을 해왔는지를 다양한 경로를 통해 직, 간접적으로 접해볼 수 있었다. 그리고 이를 통해 앞으로 4차 산업혁명이 몰고 올 변화에 대해 개인적으로 정의해 보았다. 4차 산업혁명을 통해 우리에게 다가올 변화는 'Next' 차원의 변화가 아닌 'Another' 차원의 변화라는 것이다. Next는 연속성의 차원이다. 그래서 어느 정도 예측과 예상이 가능하다. 그러나 Another는 연속성이 아니라 다른 속성의 차원이다. 그래서 예측과 예상이 불가능하다. Next는 1에서 2, 3, 4… N으로 가는 속성이라면 Another는 0에서 1로 가는 속성을 가지고 있다. 1에서 N으로 가는 속성은 유(有)에서 유(有)로 가는 것을 의미한다. 반면 0에서 1로 가는 속성은 무(無)에서 유(有)로 가는 것을 의미한다. 따라서 Next와 Another가 갖는 속성은 근본적으로 다르다. 4차 산업혁명을 통해 우리에게 다가오는 변화의 속성은 바로 Another적 속성을 지닌 변화이다. 이전과의 변화와는 본질적으로 다르다. 그동안 사람들이 지배해 왔던 많은 것들의 주도권을 기계에게 넘겨주게 될 것이다. 그리고 그동안 세상을 주도해 왔던 불변의 질서와 체계, 구조들이 파괴될 것이다. 상당수의 사람들은 복잡하고 힘든 현실 세계와 격리되기를 원하고 가상의 세상 속에 묻혀 살기를 원하게 될 것이며, 실제로 이러한 일들이 바로 우리 곁에서 일어날 것이다. 극단적인 생산성의 증가는 지금과는 비교가 되지 못할 부의 편중과 심각한 양극화 현상을 나타내게 될 것이다. 1990년대 말에 개봉한 영화 〈매트릭스〉의 영화 타이틀에서 표현한 "무엇을 상상하든지 그 이상을 보게 될 것이다."라는 문구와 같이 앞으로의 세상은 우리의 예상을 완전히 넘어서는 극단적인 변화를 몰고 오게 될 것이다. 따라서 우리는 다가올 변화의 전주곡처럼 나타나고 있는 현재의 여러 사안들에 대해 좀 더 민감해질 필요가 있다. 이러한 민감성은 기업뿐 아니라 개인들도 마찬가지이다. 특히 4차 산업혁명이 몰고 오는 여러 변화는 과거의 산업혁명 시기와 달리 개인에게도 직접적인 영향을 미쳐서 삶의 방향을 완전히 바꾸어 놓을 수 있을 정도의 막대한 영향력을 가지고 있다.

필자는 4차 산업혁명이 우리의 시대에 어떤 변화를 가지고 올지에 대해 함께 고민하고 싶었다. 그리고 이러한 변화의 내용을 공유하고 다가오는 세상을 바라볼 수 있는 인사이트를 갖는 것이 필요하다는 생각을 갖게 되었다. 필자는 이 분야에 대해 깊이 학문적 연구를 수행한 경험이 없다. 다만 현장에서 많은 기관과 기업의 임직원들과 이야기하고 함께 고민하면서 나눈 이야기들을 개인적인 시각과 관점에서 정리한 것이다. 이 책에서 언급한 22개의 인사이트는 앞으로 다가올 시대에 있어 반드시 우리가 인지하고 있어야 하며, 보다 민감하게 반응을 보여야 한다고 생각하는 분야에 대한 정리이다. 그리고 이 책은 영역을 크게 구분하지 않았다. 모든 변화는 사회, 정치, 경제 등이 서로 연계되어 있는 것이지 독립적으로 영향을 주는 것이 거의 없기 때문이다. 그러한 관점에서 각 인사이트를 접해 주길 바란다.

이 책의 부제인 "Not Next Change But Another Change, 다음 변화가 아니라 다른 변화다."와 같이 Next의 관점이 아닌 Another의 관점과 시각에서 이미 우리 곁에 다가와 있는 4차 산업혁명 시대의 변화를 바라보는 관점을 갖추는 데 조금이나마 도움이 되길 진심으로 바란다.

끝으로 나의 부족했던 생각들을 지면으로 옮겨 놓을 수 있도록 인도해 주신 하나님께 감사와 영광을 드리고, 항상 부족한 아들을 위해 기도해 주시는 어머니께 감사드리며 지금, 이 순간에도 열심히 군 복무 중인 든든한 아들 주영이와 무엇보다도 늘 곁에서 힘이 되어주는 사랑하는 나의 아내에게 이 책을 바친다.

2019년 6월 1일

김대환

COTENTS

4차 산업혁명 시대의 변화

변화를 읽고 대응하는 자만이 생존할 수 있다

4차 산업혁명
인사이트 **22**

요즘 최대의 화두는 '4차 산업혁명'이다. 전 영역에 걸쳐 4차 산업혁명을 논하지 않고서는 이야기가 되지 않을 정도이다. 그런데 막상 4차 산업혁명에 대해 질문하면 대부분 나오는 이야기가 "AI(인공지능), 빅데이터, 클라우드, 드론, 가상/증강현실 등 IT 기술 등을 통해 산업 전반에 걸쳐 급격한 발전과 변화를 가져오는 현상"이라고 이야기하고 있다. 세상이 바뀌는 것은 맞다. 중요한 것은 어떻게 바뀌는가를 알아야 한다는 것이다. 4차 산업혁명 인사이트(Insight)의 첫 번째로는 세상이 어떻게 바뀔 것인지에 대해 생각해 보기로 한다.

4차 산업혁명을 통해 예상되는 변화는 첫 번째로는 업의 본질에 대한 변화, 두 번째로는 대체 시대의 도래 그리고 마지막 세 번째로는 극단적 생산성의 시대 도래 등 크게 세 가지를 제시하고자 한다. 이에 대해 하나씩 살펴보기로 한다.

첫째, 업의 본질에 대한 변화

아마존이 어떤 회사인지 질문하면 대부분 유통 회사라고 이야기한다. 그런데 2016년 아마존의 순이익의 75%가 유통 영역이 아니라 AWS(Amazon Web Service)라고 하는 클라우드 서비스에서 발생되었다. 우리가 알고 있는 아마존 고유의 비즈니스 영역인 유통 영역에서의 순수익은 20% 전후 수준이라고 한다. 그렇다면 우리는 아마존을 기존에 알고 있던 유통 회사라고 할 수 있는가? 전기자동차 회사인 테슬라는 현재 자동차가 아닌 클린에너지 토탈 솔루션 회사로 자리매김을 하고 있으며, 화성으로 사람을 이주시키겠다는 원대한 꿈을 가지고 사업 영역을 확대하고 있다. 우리와 인접해 있는 중국의 알리바바 역시 전자상거래 기반의 유통업체로 알고 있지만, 기존의 금융회사와는 완전히 독립된 간편 결제 시스템인 알리페이 운영을 통한 금융 비즈니스로 막대한 수익을 거두고 있다. 우리나라로 눈을 돌려본다면 대표적인 통신기업인 SKT는 향후 인공지능 영역에서 글로벌 경쟁력을 확보하기 위해 전략사업으로 인공지능 사업에 막대한 투자를 하고 있다. 상식적으로 인공지능 영역은 막강한 검색엔진을 보유하고 포털 기반 비즈니스를 운영하고 있는 네이버나 다음에서 주력해야 할 사업 영역이 아닌가?

과거에는 업의 본질과 정체성에 기반하여 해당 주력사업 중심의 사업 운영체제를 운영하는 것이 비즈니스의 불문율처럼 여겨져 왔다. 그러나 디지털 기술의 발전은 이러한 사업 영역의 경계를 무너뜨리고 융합(Convergence)과 연결(Connection)을 통해 새로운 업으로의 전환을 촉진시키고 있다. 이러한 현상은 앞으로 더욱 가속화될 것이다. 통신회사인 SKT가 검색 회사인 네이버, 다음과 경쟁하는 세상, 유통회사인 알리바바가 세계적인 은행인 시티뱅크와 경쟁하는 세상, 검색 포털 회사인 구글이 전기자동차 시장에서 테슬라와 경쟁하는 세상… 이미 세상에서 산업 경계의 벽은 허물어지고 있다.

둘째, 대체의 시대 도래

1차 산업혁명 시대는 공업의 급격한 발전으로 농업에 종사하고 있던 사람들이 대규모로 공장으로 이동하는 현상이 발생하였다. 2차 산업혁명 시대는 대량생산 체제의 운영과 분업화 등으로 인해 기존의 단순한 육체적 노동력이 요구되었던 노동자들은 숙련된 기능을 수행하는 숙련공으로 전환이 필요하게 되었다. 이와 같은 시대적 요구는 기존 노동자들에 대한 교육/훈련의 시행을 통해 숙련공의 육성을 촉진시켰다. 3차 산업혁명 시대는 정보통신, 즉 인터넷 기술의 발달로 인해 관련된 기술을 확보하고 있는 전문화된 인력의 수요가 발생되었고, 이는 교육 등 사회적 시스템을 통해 육성된 인력들을 산업 현장에 공급함으로 이에 대한 수요를 대응했다. 그런데 4차 산업혁명의 시대는 산업 내 생산의 주체인 인력에 대해 기존의 산업혁명 시대와 본질적으로 다른 변화를 추구한다. 기존의 산업혁명에 있어 인력은 이동, 육성, 공급의 패러다임이었다면 4차 산업혁명은 인력은 대체의 패러다임이다. 사람이 기계와 인공지능에 의해 대체되는 시대라는 것이다. 기존에도 자동화를 통해 일부 영역에 있어 사람이 대체되는 현상이 있었지만 앞으로 도래하고 있는 대체 현상은 기존의 것과는 차원이 다른 변화이다. 현재 업무에서 엑셀을 사용하는 비중이 50%가 넘을 경우, 해당 업무는 인공지능으로 대체될 확률이 매우 높다고 한다. 데이터에 근간하여 운영되는 프로세스 중심의 업무 또한 대부분 인공지능으로 대체가 될 것이라고 한다. 최근 최저임금의 상승으로 인해 인건비에 부담을 안게 된 대부분의 패스트푸드 프랜차이즈의 경우 자동주문 시스템 도입을 통해 인력의 30% 이상을 대체하고 있다. 이러한 현상은 단지 패스트푸드 프랜차이즈에 국한되는 현상이 아니라 산업 내 전 영역에 걸쳐 다양한 형태로 심화될 것이다. 그리고 이를 구현하기 위한 기술은 이미 이러한 요구를 수용할 만한 충분한 준비가 되어있는 것이 현실이다. 미국의 경우 약 500만 개 이상의 일자리가 2020년에 사라질 것이라고 한다. 일자리가 사라지는 것이 아니라 기계와 인공지능에 의해 대체된다고 하는 것이 정확한 표현이라고 하겠다. 대체의 시대는 4차 산업혁명 시대를 살아가는 사람들에게 있어 가장 위협적인 변화가 될 것이다.

셋째, 극단적 생산성 시대의 도래

2030년을 기점으로 재생에너지 사용량의 비중이 전체 에너지 사용량의 50% 이상 될 것이라고 전망하고 있다. 이미 유럽에서는 재생에너지 사용 비중이 거의 100%에 육박하는 나라들이 있다. 재생에너지의 가장 큰 장점 중의 한 가지는 에너지를 생산하는 연료인 태양광, 풍력, 지열 등은 특별한 재해가 발생되지 않는 한 무한대의 공급원이므로 초기 투자비가 회수되는 시간이 지나면 에너지 생산비용이 점차적으로 제로에 수렴하게 된다. 이는 에너지 생산비용이 거의 무료에 이르고 있음을 의미한다고 볼 수 있다. 또 하나… 최근에는 다소 반론이 나오고 있으나 18개월마다 메모리의 성능이 두 배로 향상된다는 무어의 법칙에 의하면 2030년이 되면 메모리의 성능이 지금보다 약 700배 정도 상승이 된다고 한다. 그렇다면 일반적인 계산법으로 정보처리 비용은 지금에 비해 700분의 1로 줄어든다고 볼 수 있다. 이는 정보처리 비용이 거의 제로에 수렴한다고 볼 수 있는 것이다. 이러한 현상을 산업 현장에 접목할 경우 2030년이 되면 기업에서 제품을 생산하는데 소요되는 한계비용 중에서 에너지 비용과 설비운영 비용은 거의 제로에 수렴하게 될 것이다. 일반적인 제조업의 경우, 원가에서 에너지가 차지하는 비중은 산업 유형에 따라 다소 차이는 있지만 최소 10%에서 최대 70%까지 분포되어 있다. 이러한 비용이 거의 제로에 수렴하게 될 것이다. 인간을 대체하여 산업 현장에 투입된 인공지능과 기계들의 운영에 따른 정보처리 비용 또한 무어의 법칙에 의한다면 거의 제로에 이르게 될 것이다. 이러한 현상은 모든 산업 영역의 공급체인 전반에 걸쳐 적용될 것이다. 결국 제품생산 비용은 원재료 이외에는 거의 제로에 수렴하게 될 것이다. 이러한 현상을 미래학자인 제레미 리프킨은 '한계비용-제로의 사회'라고 명명하고 있다. 이러한 한계비용 제로의 경제는 극단적인 생산성의 향상을 도래하게 할 것이다. 이는 현장에서 사람을 기계와 인공지능으로 대체한 기업에게 극단적인 생산성 향상이란 결과를 제공하게 될 것이다. 그리고 이러한 변화에 편승하지 못하는 기업의 경우에는 생존이 불가능하게 될 것이다. 비교가 되지 못하는 생산성의 격차를 극복하는 것은 불가능하기 때문이다. 따라서 향후 산업 내에서는 극단적인 생산성을 확보하는 기업만이 생존하게 될 것이며, 이러한 극단적인 생산성을 기반으로 하는 기업들은 이전과는 비교할 수 없을 정도의 부를 축적하게 될 것이다. 그리고 이렇게 축적된 부는 이전보다 심화된 양극화의 문제를 불러일으킬 것이다. 따라서 4차 산업혁명 시대에는 심한 편중에 의해 축적된 부를 어떻게 분배하느냐가 가장 중요한 사회적, 경제적 그리고 정치적 문제로 대두될 것이다.

이상에서 4차 산업혁명으로 인해 우리 앞에 닥쳐올 변화에 대해 생각해 보았다. 우리에게 닥쳐올 변화는 이전과는 본질적으로 다른 속성들을 가지고 있다. 새로운 비즈니스의 구조와 사회적 구조의 변화, 그리고 사람에 대한 가치의 재정립 및 이전보다 심해질 양극화와 이에 대한 사회적 갈등구조는 어쩌면 우리 주위의 모든 것을 새롭게 정의해야 할 상황까지 불러일으킬 수 있는 여지를 보여주고 있다. 우리는 이에 대해 보다 냉철하고 객관적인 인지를 통해 이에 대한 대응을 위한 준비를 해야 한다. 변화가 다가오는 속도는 우리가 예상하고 있는 것보다 훨씬 빠르다.

디지털 트랜스포메이션

변화가 아니라 변신이다

4차 산업혁명
인사이트 **22**

변화(變化)와 변신(變身)은 다르다. 변화를 느끼기에는 다소 시간이 걸리는 경우도 있지만 변신은 바로 확인이 가능하다. 변화는 다소 점진적인 의미가 담겨있는 반면에 변신은 급진적이라고 할 수 있다. 4차 산업혁명 시대의 기업은 변화의 관점보다는 변신의 관점에서 기업의 미래를 내다보아야 한다.

바비인형으로 유명한 마텔은 아이폰과 연동하는 "오토레이스"란 게임에 기반한 장난감을 출시하여 큰 성공을 거두었다. 최근 디지털 피트니스 플랫폼 기업으로 스포츠 업계에서 위상을 넓혀가고 있는 언더아머의 경우 심장박동 센서가 들어가 있는 스마트 셔츠를 개발하여 이를 착용하고 운동을 하는 사람들의 몸 상태를 측정하고 만약에 있을 수도 있는 사고에 대비함과 동시에 사용자의 운동량을 데이터화하여 향후 자신의 건강 상태에 적합한 맞춤형 운동계획을 수립할 수 있도록 했다. 또한 잘 알다시피 구글은 안경에 여러 인터넷 및 디지털 기능을 추가한 구글 글라스를 출시하였다. 일부 디자인과 기능상의 문제로 예상보다 보급이 지연되고 있지만 일부 사항이 개선이 된다면 2025년까지 구글 글라스와 같이 인터넷과 디지털 기능이 결합된 안경이 전체 안경시장의 10% 이상을 점유할 것이란 예측이 나오고 있다. 상기 몇 가지 예시의 공통점은 바로 아날로그에 디지털 기능이 첨가되어 새로운 가치를 창출하고 있다는 점이다.

최근 4차 산업혁명과 연계하여 "디지털 트랜스포메이션(Digital Transformation)"이란 용어가 많이 언급되고 있다. 용어 그대로 해석하자면 '디지털로 변신하라.'라는 의미이다. 그렇다면 무엇을 어떻게 변신한다는 것인가? 기업을 운영함에 있어 가장 핵심적인 요소라고 한다면 고객, 제품(서비스), 프로세스(시스템) 및 인적자원 네 가지를 언급할 수 있다. 물론 재무, 회계 영역이 기업 경영의 핵심이라고 할 수 있지만 이 부분은 일단 디지털 트랜스포메이션 관점에서는 제외하도록 한다. 디지털 트랜스포메이션이란 상기에 언급한 네 가지에 대해 디지털 기술을 적용하여 새로운 비즈니스 룰을 정립하고 나아가 새로운 비즈니스 생태계를 구축해 나간다는 것을 의미한다. 단지 현재의 아날로그 관점의 시업 인프라를 디지털화한다는 개념이 아니라 새로운 비즈니스 생태계를 창조하고 이에 대한 게임의 법칙을 주도함으로 비즈니스 리더십을 확보해 나간다는 것으로 이해해야 한다. 그렇다면 고객, 제품(서비스), 프로세스 그리고 인적자원에 대한 디지털 트랜스포메이션이란 무엇을 의미하는지에 대해 간략하게 생각해 보기로 한다.

첫 번째로 고객관리 관점을 생각해 보기로 한다. 고객관리의 핵심은 "고객에게 어떠한 새로운 가치를 부여하느냐."라고 정의할 수 있다. 고객에 대한 새로운 가치는 고객에게 어떠한 새로운 경험을 부여할 것인가로 재정의할 수 있다. 고객에게 새로운 경험을 부여하기 위해서는 고객이 참여하고 고객과 소통할 수 있는 채널이 필요하다. 이러한 채널은 공간과 시간 등의 제약이 최소화되어야 하며, 모든 소통과 참여의 결과는 데이터화를 통해 축적되며, 기업은 이를 활용함으로 고객에게 가치를 제공할 수 있는 제품과 서비스를 지속적으로 창출해 내야 한다. 발전되고 있는 디지털 기술은 앞서 언급한 모든 것을 어렵지 않게 구현할 수 있도록 이미 상당 부분 실용화되어 있다. 고객관리의 디지털 트랜스포메이션은 고객의 참여와 고객과의 소통에 대해 시간과 공간의 제약을 받지 않는 플랫폼을 구축/운영하며, 이를 통해 모든 참여와 소통은 데이터화되고 이에 대한 활용을 통해 새로운 제품과 서비스를 지속적으로 창출할 수 있는 선순환 체계를 확보하는 것으로 정의할 수 있다.

관련된 예를 들어보도록 하자. 최근 많은 커피숍은 음료를 구매할 때마다 스탬프 카드에 스탬프를 찍어주고 일정 횟수 이상의 스탬프가 찍히면 이에 대한 보상 차원으로 여러 형태의 서비스를 제공하고 있다. 이러한 스탬프 시스템은 단지 고객들을 확보하고 이탈을 최소화하는 용도 이외에는 다른 가치를 고객에게 제공해 줄 수 없다. 최근에는 스탬프를 스마트폰에 찍어주는 시스템이 운영되고 있다. 스탬프 앱을 통해 스탬프를 핸드폰에 찍어주게 되면 해당 고객의 정보와 고객의 방문일자 및 시간, 고객이 주문한 음료의 종류 등이 데이터화되고 이를 통해 고객에 대한 선제적 서비스를 제공해 줄 수 있는 체계가 확보된다. 어떠한 가치를 제공해 줄 수 있을 것인지에 대해서는 독자들도 충분히 짐작되리라 생각한다. 또한 이러한 고객의 정보는 향후 해당 커피숍의 운영 방식과 새로운 서비스 및 메뉴의 개발에도 큰 영향을 미치게 될 것이다.

두 번째로는 제품과 서비스 관점이다. 제품과 서비스의 디지털화는 앞서 언급한 내용과도 상당 부분 일맥상통하다고 할 수 있다. 일반적으로 아날로그 시대의 제품과 서비스의 특징은 기능의 제한성과 공급자에서 수요자로의 단방향이란 특성을 가지고 있다. 그러나 디지털 기술의 발전은 기능의 융복합과 공급자와 수요자 간의 양방향 소통을 가능하게 해 주었다. 가장 대표적인 것이 스마트폰이라고 할 수 있다. 또한 기업이 만들고 고객은 구매하는 단방향의 흐름이 아니라 제품이나 서비스를 통해 공급자와 수요자가 소통하는 형태로 발전되고 있다. 앞서 언급한 언더아머의 스마트 셔츠는 사용자의 운동량과 현재 상태를 측정하고 이에 대한 데이터를 클라우드로 전송하여 이를 저장/분석하고 이를 다시 사용자에게 피드백을 제공함으로써 자신의 상태에 적합한 운동량을 조정함과 동시에 최적의 운동계획을 수립할 수 있는 서비스를 제공해 주고 있다. 즉, 공급자와 수요자가 제품을 매개로 디지털 기술을 통해 지속적인 소통이 가능하게 됨으로 수요자에게는 새로운 서비스의 가치가 제공되는 동시에 공급자 관점에서는 수요자들의 다양한 정보의 확보를 통해 새로운 제품과 서비스를 개발할 수 있는 기반을 확보하게 되었다. 이를 통해 수요자 개인의 다양한 데이터가 공급자의 데이터베이스에 저장되고 수요자는 공급자가 제공하는 추가적인 서비스를 제공받게 됨으로 수요자는 제품의 구매 이후에도 해당 공급자의 제품을 구매하게 되는 충성 고객군으로 자리매김을 하게 된다. 제품과 서비스의 디지털화란 제품과 서비스의 기능이 디지털 기술을 기반으로 다각화됨으로 수요자의 요구를 만족시켜 줌과 동시에 제품과 서비스는 공급자와 수요자 간의 연결을 위한 하나의 매개체 역할을 수행함으로써 지속적인 상호 간의 소통을 유지시킴으로 고객들은 제품의 구매 이후에도 추가적인 서비스를 지속적으로 제공받을 수 있는 경험을 접하게 되며, 공급자는 수요자들의 경험을 확보함으로 더 나은 시장 대응력을 확보할 수 있는 메커니즘을 구축한다는 것을 의미한다.

세 번째로 프로세스 관점이다. 디지털 시대에 있어서 기업의 경쟁력은 기업 활동에 있어서 얼마나 많은 데이터를 생성시키고 이 데이터를 어떻게 활용하여 의사결정에 반영시키는지에 좌우된다고 할 수 있다.

이러한 관점에서 기업 운영에 대한 프로세스의 디지털화는 기업의 디지털 트랜스포메이션에 있어 가장 중요한 기반이 된다. 프로세스의 디지털화는 크게 두 가지 측면으로 생각해 볼 수 있다. 첫째로는 업무수행 과정의 투명성 및 원활한 소통체계의 확보이다. 이 부분은 예전부터 기업의 업무 프로세스 개선 활동에 있어서 늘 최우선으로 해결해야 하는 이슈로 언급되어 왔다. 그러나 예전에는 이러한 이슈를 해결하기 위해 적용되는 디지털 기술에는 일정 부분 한계가 있어 왔으나, 최근의 디지털 기술은 이러한 한계를 충분히 극복시켜주고 있다. 특히 IoT 기술의 발전은 프로세스 운영의 투명성에 있어서 획기적인 발전을 이루게 하였으며, 모바일 기술의 발달은 소통 측면에서 시·공간의 한계성을 극복하는 데 큰 전환을 이루게 만들었다. 또한 블록체인과 같은 기술은 신뢰 기반의 프로세스 구축과 운영이 가능하게 해 주고 있다. 단, 투명성과 소통을 위한 프로세스의 디지털화를 위해서는 구성원들에 대한 충분한 인식의 공감대가 변화 관리 차원에서 진행되어야 하는 것이 중요한 고려사항이다. 둘째는 데이터의 생성과 보관, 분석, 활용과 관련된 프로세스의 디지털화이다. 모든 기업 활동의 프로세스는 데이터가 생성될 수 있도록 설계되어야 하며, 이를 위해서는 관련된 디지털 기술의 접목은 필수적이다. 앞서 언급한 고객과 관계 속에서 생성되는 정보와 제품과 서비스를 통해 얻어지는 정보 그리고 업무 프로세스 진행 가운데서 생성되는 정보 등 과거에는 정형화되지 못함으로 인해 활용이 어려웠던 정보들과 시간과 공간의 제약으로 인해 확보에 한계가 있었던 제약사항들이 빅데이터 기술, 클라우드 기술 등의 발전으로 충분히 극복 가능한 환경으로 바뀌었다. 이러한 기술의 적용을 통해 발생되는 모든 데이터와 정보의 활용도를 극대화할 수 있는 프로세스 체계를 구현하는 것이 프로세스의 디지털화의 두 번째 방향이다. 결론적으로 프로세스의 디지털화는 운영 프로세스 투명성과 조직 내 원활한 소통을 추구해야 하며, 프로세스 운영과정에서 생산되는 모든 데이터와 정보에 대한 생성, 보관, 분석 및 활용을 통해 의사결정의 핵심 근거로 활용될 수 있는 체계를 확보함을 의미한다고 볼 수 있다.

마지막으로 인적자원의 디지털화란 앞서 언급한 고객관리, 제품과 서비스, 그리고 운영 프로세스의 디지털화를 주도할 수 있는 인력의 육성과 확보를 의미한다고 볼 수 있다. 일각에서는 인적자원의 디지털화를 AI나 다른 디지털 기술을 통해 사람을 대체하는 것으로 오해할 수 있지만 이것은 프로세스의 디지털화 관점이다. 인적자원의 디지털화와는 다른 의미이다. 인적자원의 디지털화는 크게 두 가지로 구분할 수 있다. 첫째는 경영층의 디지털 리더십이고 둘째는 디지털 프로모터(Promoter, 촉진자)의 확보이다. 경영층의 디지털 리더십은 경영층이 최근의 디지털 기술에 대한 동향과 실효성을 이해하고 이에 대한 도입과 적용을 과감하게 결정할 수 있는 태도를 의미한다. 디지털 기술을 도입한다는 것은 기업의 경영에 있어서 매우 실무적인 영역이다. 또한 디지털화가 진행된 영역이 실무적으로 정착되기 위해서는 경영진의 강력한 추진 의지가 기반되어야 한다. 아마존의 CEO인 제프 베조스의 경우 모든 회의 운영에 있어서 사내에서 운영되고 있는 시스템을 실시간으로 활용하여 운영하고 있다고 한다. 그리고 그 시스템상에서 처리되고 있는 데이터와 정보를 기반으로 의사결정을 진행한다고 한다. 따라서 아마존에서 운영되고 있는 시스템은 대부분 실시간으로 데이터가 처리되어야 하며, 모든 업무가 시스템에 의해 운영되지 않으면 안 된다는 것을 구성원 전체가 인식하고 업무를 진행하고 있다. 이것은 최고 경영자가 디지털화된 업무 프로세스와 그로부터 생성되는 데이터와 정보를 신뢰한다는 믿음을 구성원 모두가 인지하고 있기 때문에 가능한 것이다. 인적자원의 디지털화 둘째는 디지털 프로모터의 육성이다. 디지털 프로모터란 업에 대한 명확한 이해를 바탕으로 기업의 디지털 트랜스포메이션을 주도적으로 수행하는 인력들을 의미한다. 디지털 프로모터는 일반적으로 조직적인 관점에서 접근해야 한다. 한두 명의 개인이 기업의 디지털 트랜스포메이션을 추진하는 것은 불가능하다. 기업의 내, 외부 프로세스에 대한 전문성과 함께 최신 디지털 기술에 대한 이해도가 확보된 인력을 중심으로 디지털 프로모터 조직을 구성해야 하며, 디지털 프로모터는 경영층과 실무진과 지속적인 커뮤니케이션을 통해 기업의 디지털화 영역과 테마를 결정하고 이를 단계적으로 추진하며, 충분한 검증을 통해 실무에 반영될 수 있도록 독립적인 활동을 보장해 주어야 한다.

기업의 디지털 트랜스포메이션을 고객, 제품과 서비스, 프로세스 및 인적자원 네 가지 관점에서 간략하게 정리해 보았다. 여기서 가장 중요한 것은 디지털 트랜스포메이션은 기업이 존재하고 운영되는 궁극적인 목적인 시장 내에서 새로운 가치의 창출과 이를 위한 새로운 산업 생태계를 정의하고 이를 통해 새로운 게임의 법칙을 주도적으로 설정함으로 새로운 산업환경 속에서 경쟁우위를 점하는데 그 목적으로 두고 있다. 가장 대표적인 기업이 바로 테슬라이다. 테슬라는 전기자동차라는 산업에서 새로운 생태계와 새로운 게임의 법칙을 설정함으로 전기자동차 산업의 절대적 강자로 자리매김을 하고 있다. 그리고 그 이면에는 테슬라의 디지털 트랜스포메이션이 그 기반이 되고 있다. 디지털 트랜스포메이션의 목적과 의미를 명확히 이해하고 4차 산업혁명 시대의 핵심 경영전략의 한 축으로 디지털 트렌스포메이션에 대한 깊은 관심과 추진을 고민해야 할 것이다.

4차 산업혁명 시대의 혁신 사고(思考)

기하급수적 사고에 주목하라

4차 산업혁명
인사이트 **22**

자고 일어나면 바뀌는 세상이다. 쏟아지는 정보에 대해 조금이라도 소홀히 한다면 세상 돌아가는 이야기에서 뒷전으로 밀리는 그러한 세상이다. 새로운 기술과 트렌드가 생겨나서 폭발적으로 세상을 휩쓸어 버리다 가도 어느 순간에 또 다른 새로운 기술이나 트렌드로 인하여 이전의 것들은 순식간에 사라져 버리는 세상이다. 이러한 세상 속에서 생존을 위한 혁신은 지속되어야 한다. 그렇다면 4차 산업혁명 시대 속에서는 어떠한 혁신전략이 필요하고 이러한 혁신을 지속할 수 있는 조직은 어떻게 구성해야 하는지에 대해 생각해 보기로 한다.

2007년 1월에 스티브 잡스가 아이폰을 발표 2개월 후 노키아는 81억 달러라는 거액에 '나브텍(Navteq)'이란 회사를 인수한다고 발표했다. 나브텍은 도로 지도와 내비게이션을 개발/생산하는 업체로 세계의 주요 도로에 도로교통 센서를 설치하여 이를 통해 교통정보를 실시간으로 제공하고 있는 도로교통 정보 제공 영역에서 당시 절대 강자인 기업이었다. 노키아는 나브텍을 인수하여 모바일로 교통정보 제공할 수 있는 서비스를 확보함으로 향후 모바일 영역에서의 지역 및 도로교통정보 서비스의 절대 강자의 위치에 오르겠다는 야심 찬 계획을 통해 애플의 아이폰과 구글의 검색 서비스에 우위를 점하겠다는 전략을 수립하였다. 비슷한 시기에 이스라엘에서는 '웨이즈(Waze)'라는 기업이 설립되었다. 웨이즈는 도로망 센서에 투자하는 대신에 대부분의 사람들이 스마트폰을 들고 다닌다는 사실에 주목하고 사람들의 스마트폰에 내장되어 있는 GPS 정보를 통해 취합되는 위치정보를 통해 실시간 도로교통 정보를 제공하는 솔루션을 개발했다. 이러한 솔루션을 통해 웨이즈는 설립 2년 만에 나브텍에서 취합하는 도로교통정보보다 2배 많은 정보를 취합할 수 있었고, 4년 후에는 정보 취합량이 10배 이상의 차이가 발생하게 되었다. 나브텍의 경우, 도시에 새로운 도로가 생겨날 때마다 서비스를 업그레이드하기 위해서 해당 도로에 센서를 추가로 설치하는 비용에 부담을 느낄 수밖에 없는 반면에 웨이즈의 경우는 이러한 추가 비용 없이도 새로운 지역의 교통정보를 쉽게 업그레이드할 수 있는 인프라를 확보할 수 있게 되었다. 구글은 2013년 6월에 11억 달러에 웨이즈를 인수했지만 나브텍을 인수한 노키아는 약 70억 달러에 마이크로소프트에 휴대전화 사업 부문이 매각되었다.

상기의 사례가 우리에게 주는 시사점은 매우 크다. 나브텍은 서비스의 확대를 하기 위해서는 지속적인 투자가 필요했다. 이러한 혁신의 형태를 산술급수적 혁신이라고 한다. 반면 웨이즈는 추가적인 정보의 확보에 소요되는 한계비용을 '0'에 수렴시키면서 이를 기반으로 서비스 범위를 확대해 나갔다. 이러한 혁신의 형태는 기하급수적 혁신이라고 명명할 수 있다. 그리고 또 하나 우리가 주시해야 할 사항은 나브텍의 경우는 혁신을 위한 인프라가 소유의 개념이었다면 웨이즈의 경우는 인프라가 소유의 개념이 아닌 공유할 수 있는 정보를 활용하였다는 점이다. 4차 산업혁명 시대의 혁신사고는 이러한 점에 착안해야 한다. 소유하고 있는 제한된 인프라에 의존하는 산술급수적 혁신으로는 공유된 인프라와 여기서 생산되는 정보를 통해 수행되는 기하급수적 혁신을 이겨낼 수 없다는 사실을 깨달아야 한다. 4차 산업혁명 시대의 가장 큰 특징 중의 하나는 초연결과 융합이다. 이러한 초연결과 융합은 기하급수적 혁신을 추구할 수 있는 환경을 제공하고 있으며, 이를 어떻게 활용하는지가 4차 산업혁명 혁신사고의 바탕이 되어야 한다. 웨이즈는 바로 이러한 부분에 있어 기하급수적 혁신의 전형적인 예라고 할 수 있다. 기하급수적 혁신을 추진하고 있는 대표적인 기업은 우리가 잘 알고 있는 테슬라, 에어비앤비, 우버 그리고 크라우드 소싱을 통해 자동차의 개발 기간과 비용을 1/5 수준으로 줄임으로 인해 자동차 업계에 신선한 바람을 일으키고 있는 로컬 모터스 등이 있다. 싱귤래리티 대학의 초대 상임이사이자 세계적인 경영 컨설턴트인 살림 이스마일은 마이클 말론, 유리 반 헤이스트가 공동으로 저술한 『기하급수 시대가 온다』에서 이러한 기업들을 기하급수 기업이라고 명명했다. 그리고 기하급수 기업에 대해서는 "새로운 조직 구성을 통해 빠르게 발전하는 기술들을 적극 활용함으로 기업의 성과를 동종업계에 비해 적어도 10배 이상의 성과를 내고 있는 기업"으로 정의를 내렸다.

기하급수 기업들은 인적자원 측면에서는 크라우드 소싱을 최대한 활용할 수 있는 인프라를 확보하고 있으며, 이들과 소통할 수 있도록 내부 직원들에게 최대한의 자율성을 부여함으로 비즈니스 영역에 대한 최대한의 몰입과 집중이 일어날 수 있도록 조직을 구성/운영하고 있다. 새로운 개념의 자동차 제조회사인 '로컬 모터스'의 경우는 이러한 크라우드 소싱을 통해 자동차에 대한 최고의 전문가부터 자동차에 관심이 많은 10대 초반 학생까지 이르는 폭넓은 계층의 의견을 수렴하고 이를 통해 새로운 아이디어를 도출과 관련 기술의 협업을 통해 자동차의 개발 기간과 비용을 일반 자동차 제조회사의 5분의 1 수준으로 대폭적인 감축하는 성과를 도출하고 있다. 기술적인 측면을 보면 기하급수 기업은 기술 기반의 플랫폼을 구축하고 의사결정 알고리즘을 통해 신속하고 객관적인 의사결정을 할 수 있는 시스템을 구축하고 있는 특징이 있다. 이를 통해 다양한 참여자들에 대한 신뢰를 확보하며, 이러한 참여자들의 신뢰는 기술 플랫폼의 수준을 단계적으로 높여갈 수 있는 매우 중요한 원동력이 되고 있다. 미국 국방성의 무인 드론 개발 프로젝트를 공개 사업으로 추진한 적이 있는데 이때 전문 무인항공기를 개발하는 A사는 개발 비용으로 약 4,000만 달러의 비용을 제시한 반면 단위 기술자로 구성된 드론 동호회에서는 그들이 운영하고 있는 기술 플랫폼을 통해 본 프로젝트에 참여하여, 약 10분의 1의 비용으로 A사에서 제안한 드론과 성능 면에서 거의 차이가 없는 드론 모델을 제안하였다고 한다. 비록 동호회라는 특성상 사업참여에 대한 한계성이 문제가 되었지만 상기의 사례는 개방된 기술 플랫폼의 위력과 이를 통한 혁신추진의 성과 측면에서 매우 좋은 사례라고 할 수 있을 것이다. 그리고 운영적인 측면에서는 혁신 인프라는 공유를 통한 운영을 통해서도 얼마든지 훌륭한 혁신적인 성과를 추구할 수 있다는 사실 또한 주목해야 한다. 금융위기 이후 경기가 회복될 때 많은 기업들은 공격적인 생산수단 및 자산의 확대를 통해 시장에서의 규모의 우위를 점하는 전략을 추진해 왔다. 그러나 장기적인 저성장 시대로 들어오면서부터 이러한 소유관점의 자산들은 기업경영에 있어 운영의 경직성을 유발하고 있으며, 이로 인해 기업 존속 위기의 기로에선 기업들이 적지 않게 나타나고 있다. 기하급수 기업의 운영 특징은 바로 공유개념의 운영 인프라를 확보하고 이를 기반으로 사업을 전개해 나가는 특징이 있다. 가장 대표적인 기업으로 보유한 차 한 대 없이 차량 운송사업을 진행하고 있는 우버나 숙박업을 하면서 보유한 숙박업소 하나 없는 에어비앤비를 사례로 들

수 있을 것이다.

　4차 산업혁명 시대의 혁신사고의 방향성과 이를 촉진하기 위한 기업의 특징에 대해 간략하게나마 생각해 보았다. 기업에 있어서 시대가 바뀌고 환경이 변화하더라도 혁신의 본질은 바뀌지는 않겠지만 혁신의 패러다임과 추진 전략은 이에 따라 변화되어야 한다. 코닥이 디지털카메라의 시대에 따르지 못함으로 시장에서 자취를 감춘 것과 앞서 사례를 든 나브텍과 웨이즈의 경우에서 우리는 변화하는 시대 가운데서의 혁신추진에 대한 시사점을 얻을 수 있다. 4차 산업혁명 시대에 승자가 되기 위해서는 산술급수적 사고와 관점에서 벗어나 기하급수적 사고와 관점을 통해 기업의 혁신전략을 수립하고 이를 촉진해 나갈 수 있는 조직운영 방안에 대해 심도 있는 고민이 필요한 시점이다.

4차 산업혁명 시대의 비즈니스 모델

게임의 법칙을 바꾸고 게임을 주도하라

4차 산업혁명
인사이트 **22**

현재 산업별로 운영되고 있는 비즈니스 모델은 대부분 3차 산업혁명의 시대인 1980년대 후반에서 1990년대에 만들어진 것이다. 이후 부분적으로 비즈니스 모델에 대한 개선들이 산업계의 주도자들에 의해 진행되어 왔으나 그 근본적인 모델의 콘셉트는 크게 변하지 않은 채 현재까지 지속되고 있다. 그런데 2010년 이후부터 기존의 상식과 관념을 깨뜨리는 비즈니스 모델들이 하나둘씩 그 세력을 확장해 나가고 있으며, 종래의 비즈니스 모델들은 그로 인해 경쟁력을 상실해 가고 있다. 산업과 시장의 구조가 재편되고 있는 것이다. 그것도 급속도로 진행되고 있다. 이번 챕터에서는 4차 산업혁명 시대의 비즈니스 모델은 기존의 비즈니스 모델로부터 어떻게 진화하고 있으며, 산업과 시장 전반에 어떠한 변화를 가져오고 있는지에 대해 생각해 보기로 한다.

이전까지의 사업모델은 기업이 속한 산업의 정체성에 기반을 둔 가치를 고객에게 제공하고 이를 통해 수익을 창출하는 것이 가장 일반적인 개념이었다. 이 부분에 대한 기본적인 전제는 가치를 제공하는 기업이 시장 내의 소비자들에 비해 많은 정보를 보유하고 있는 동시에 소비자들에게 정보 제공자의 역할을 한다는 것이었다. 그러나 정보통신 기술의 발달은 정보의 생산과 소비가 더는 공급자에서 소비자에게 제공되는 단방향이 아닌 양방향으로 진행되는 환경을 만들었으며, 이러한 변화된 환경은 기존 비즈니스 모델의 효용성에 대해 여러 측면에서 많은 시사점을 주고 있다. 4차 산업혁명 시대의 비즈니스 모델은 생태계의 재정립과 이를 기반으로 경쟁의 규칙을 새롭게 정의하는 것을 기본적인 개념으로 잡아야 한다. 다시 말해서 기존의 정체성을 과감하게 탈

피해야 하고, 융합과 혁신을 통해 자신이 주도할 수 있는 새로운 생태계를 조성함으로 이에 대한 경쟁의 규칙을 주도적으로 설정해서 극단적인 경쟁력을 갖출 수 있어야 함을 의미하는 것이다. 2014년 2월 테슬라는 자사가 보유하고 있는 모든 전기자동차의 특허 기술을 개방한다는 발표를 했다. 특허 기술이라 함은 기업들이 가지고 있는 핵심 경쟁력인데 전기자동차 분야에서 독보적인 기술을 보유하고 있던 테슬라가 이러한 모든 기술을 조건 없이 개방을 하겠다고 발표한 것이다. 테슬라가 이러한 결정을 한 배경은 무엇일까? 테슬라의 기술 개방은 전기자동차 산업을 급속도로 성장시켰고 그 성장 규모를 10년 이상 앞당겼다고 전문가들은 평가하고 있다. 여기서 테슬라의 비즈니스 모델의 전략을 엿볼 수 있다. 테슬라는 전기자동차의 개발과 동시에 전기자동차의 핵심인 배터리 비즈니스를 시작했다. 그리고 미국 전역에 걸쳐 전기 충전소 비즈니스를 본격화했다. 테슬라의 비즈니스 모델이 그 모습을 드러내고 있는 것이다. 테슬라의 기술 개방은 전기 자동차의 비즈니스 생태계 규모를 확대하고자 함이 주된 목적이었다. 쉽게 말하자면 판을 키워야 사업이 된다는 의미이다. 그리고 테슬라는 전기자동차 생태계의 핵심영역인 배터리 시장의 주도권을 확보한 것이다. 아울러 테슬라는 태양에너지를 통해 생산된 전기를 전기자동차 충전소에 공급함으로 청정에너지 전기자동차 클러스터 기반의 생태계를 구성함으로 기존의 자동차 업체뿐 아니라 새롭게 성장하고 있는 전기자동차 분야의 경쟁사들에 비해 차별화된 비즈니스 모델을 완성해 나가고 있다. 그리고 또 하나 테슬라의 비즈니스 모델에서 주목할 것이 있다. 기존의 자동차 메이커들은 자동차를 하나의 첨단 기술의 집합인 하드웨어로 규정하였으나, 테슬라는 자동차를 하드웨어와 소프트웨어가 결합된 디지털 디바이스로 규정하고 새로운 개념의 자동차 기능 디지털 디바이스 관점으로 자동차 생태계를 새롭게 정의 내렸다. 기존의 자동차들은 새로운 기능을 추가하려면 기존의 자동차 모델에 대한 일부 개선을 진행하는 마이너 체인지를 하거나 새로운 기능이 추가된 신차 형태로 개발을 진행하는 메이저 체인지를 진행하게 된다. 이럴 경우 마이너 체인지의 경우에도 적어도 짧게는 6개월에서 길게는 18개월 가까이 기간이 소요되는 경우가 일반적이며, 메이저 체인지의 경우에도 적어도 24개월에서 60개월 가까운 시간이 소요가 되며 이에는 엄청난 투자가 수반되어야 한다. 고객 입장에서는 기존 소유 차량에 기능을 추가하는 것은 기존 자동차의 구조적 특성을 감안할 때 쉽게 접근하기는 어려운 일이었다. 고객들은 자신의 차에 정말 원하는 새로운 기능이 필요하다면 새롭게 차량을 구입하는 편이 더 쉽다고 느꼈을 것이다. 그러나 디지털 디바이스로 정의된 테슬라의 자동차 경우, 상당 부분의 기능은 스마트폰과 같이 OS 소프트웨어의 업그레이드를 통해 기능을 추가할 수 있다. 실제로 테슬라에서 생산하는 자동차의 경우에는 정기적인 소프트웨어 업그레이드를 통해 지속적으로 자동차의 기능을 추가해 나가고 있다. 기존 자동차 메이커와는 차원이 다른 경험을 고객에게 제공함으로 테슬라는 그들 나름대로 자동차 생태계 속에서 게임의 법칙을 만들어 내고 이를 주도할 수 있는 비즈니스 모델을 완성해 나가고 있는 것이다. 최근 테슬라는 뇌와 신경을 연구하는 뉴럴 링크를 인수함으로 자율주행 자동차에 대한 진보된 생태계와 이에 따른 게임의 법칙을 규정해 나가고 있다.

앞서 살펴보았듯이 테슬라 비즈니스 모델의 콘셉트는 크게 세 가지로 규정할 수 있다.

첫 번째로 콘셉트는 개방이다. 그러나 무분별한 개방이 아니라 개방을 통해 소위 판을 키우되 그 판에서 자신들의 위상과 비즈니스를 명확하게 정의하는 계산된 개방이란 점이다. 즉, 스스로 주도가 될 수 있는 시장을 창출한다는 의미이다.

두 번째는 융합이다. 테슬라는 전기자동차라는 국한된 비즈니스 영역으로 한정을 한 것이 아니라 자동차와 관련성이 있는 에너지와 디지털 기술, 심지어 관련성을 찾기에 쉽지 않다고 판단되는 바이오에 이르는 영역을 융합하고 이를 기반으로 독창적이고 차별화된 생태계를 형성하여 이를 주도하고 있다는 점이다. 융합을 통해 기존의 비즈니스 모델과는 완전히 차별화된 비즈니스 모델을 창출했다는 점이다.

그리고 마지막 세 번째로는 미래지향성이다. 테슬라의 비즈니스 모델은 현재의 수익성보다는 미래의 수익성에 더 큰 지향점을 두고 있다. 그것은 재생에너지 영역에 대한 투자와 디지털 기술 중심의 제품 개발이다. 전기자동차가 향후 교통수단으로 각광받고 있는 이유는 환경친화적인 특징을 가지고 있기 때문이다. 전기로 인해 주행하는 자동차는 배출가스가 제로이다. 일반적으로 기존 자동차 메이커들이 생산하는 전기자동차의 배터리 충전은 기본적으로 전력회사의 전기를 공급받는 충전소를 통해 이루어지고 있다. 그리고 충전소에서 공급받는 전기의 생산 중 상당 부분은 화석연료에 의존하고 있다. 따라서 상당한 탄소 배출을 통해 생산된 전기로 충전되는 전기자동차는 엄밀하게 이야기하자면 탄소배출에서 완전히 자유로운 '클린카'로 명명할 수 없다. 반면 앞서도 잠

깐 언급했지만 테슬라는 태양에너지를 통해 청정에너지를 생산하고 이를 테슬라 차량에 충전할 수 있는 충전소를 공급함으로 완전한 클린카의 위상을 확보하고 있다. 이러한 위상은 에너지와 환경문제가 심화될수록 시장 내에서는 경쟁사들이 단기간에 쫓아가기 어려운 엄청난 경쟁력으로 작용하게 될 것이다. 그리고 디지털 기술의 특성 중 하나로 무어의 법칙에서 나타나고 있는 것같이 정보를 처리하는 메모리의 성능이 급격히 향상되고 있는 점이다. 이 의미는 정보처리 비용이 지속적으로 하락한다는 것으로 디지털 디바이스로 정의된 테슬라의 자동차는 차량 가격이 점진적으로 낮아질 수 있다는 점이다. 실제로 테슬라에서 생산한 자동차의 가격은 새로운 모델이 출시될수록 가격이 점진적으로 낮아지고 있다. 그리고 성능에 대한 소프트웨어 관점의 업그레이드는 고객에게 새로운 경험을 지속적으로 제공해 줌으로써 기존 고객들은 테슬라에 대한 충성 고객군으로 지속될 수 있는 충분한 명분을 제공받게 될 것이다. 이렇듯 환경과 에너지와 같이 사회문제에 대한 기업의 적극적인 관심과 대응은 시간이 지날수록 가격과 품질 그 이상의 것을 찾고 있는 시장 내 고객들에게 새로운 가치를 제공할 수 있는 미래지향적 경쟁력으로 작용하게 될 것이다.

이상에서 4차 산업혁명 시대의 비즈니스 모델에 대해 가장 베스트 프랙티스라고 할 수 있는 테슬라의 사례를 살펴보았다. 이 밖에도 오픈 플랫폼을 기반으로 하여 고객들이 직접 참여하여 자동차의 개발과 생산을 진행함으로 개발 비용과 마케팅 비용을 일반 자동차 메이커사에 비해 1/5 수준으로 낮춤으로써 새롭게 주목받고 있는 미국의 로컬 모터스의 비즈니스 모델도 매우 관심을 가질 수 있는 비즈니스 모델이다. 그리고 최근 급부상하고 있는 공유경제에 기반한 공유 플랫폼 비즈니스도 대표적인 비즈니스 모델이다. 우버나 에어비앤비가 대표적인 비즈니스 모델이라고 할 수 있다. 또한 고객 경험에 초점을 맞추고 차별화된 비즈니스 모델을 통해 인터넷 쇼핑몰 시장에 새로운 강자로 부상하고 있는 쿠팡은 물건을 구매한 소비자라면 누구나 제품을 최대한 빠른 시간 내 받기를 원한다는 점에 착안하여 '총알배송'이란 서비스를 도입했고 이를 위해 신속한 정보처리 시스템 구축과 물류배송의 내재화를 통해 이를 실현함으로써 고객들에게 기존 쇼핑몰과는 차별화된 경험을 제공해 주고 있다. 이러한 쿠팡은 기존의 쇼핑몰 업체를 포함한 유통시장 전체에 새로운 게임의 법칙을 제시하고 이를 주도해 나가고 있다.

시대가 변하고 환경이 변하면 당연히 고객도 시장도 따라서 변하기 마련이다. 과거의 성공 경험을 가지고 있는 비즈니스 모델이 앞으로도 성공을 가져다준다는 보장은 없다. 경제, 정치, 사회를 비롯한 기술의 발전 그리고 가장 중요한 시장과 고객들의 지향점은 시대가 변하고 환경이 변하면 당연히 바뀌게 마련이다. 그리고 그 정도는 점차 심화되어 가고 있는 것이 현실이다. 따라서 시장과 고객의 변화에 민감해져야 하며, 이는 현재뿐 아니라 다가오는 변화에 대해서도 충분한 학습을 통해 현시대에 부합되고 동시에 미래지향적인 비즈니스 모델을 정의할 뿐 아니라 이를 실행에 옮길 수 있는 체계 구축을 위한 투자가 실행되도록 기업 경영자의 과감한 결단과 추진력이 필요하다. 테슬라 CEO인 일론 머스크는 '스페이스 X'라는 민간 항공우주업체를 인수하는 목적은 "자신의 꿈은 화성에 사람을 여행시키는 비즈니스를 만드는 것이기 때문이다."라고 언급한 바 있다. 그리고 그 비즈니스 모델을 구체화하기 위한 첫 단계로서 테슬라를 설립했다고 한다. 가장 훌륭한 비즈니스 모델은 유행을 따라 만들어지거나 정체되어 있다가 효용성이 사라지면 없어지는 비즈니스 모델이 아니라 기본적인 개념하에 환경과 시대의 흐름에 따라 진화되어 가는 비즈니스 모델인 것이다. 그러한 점에서 테슬라의 비즈니스 모델은 우리에게 시사하는 바가 매우 크다고 할 수 있을 것이다.

4차 산업혁명 시대의 비즈니스 모델을 생각할 때는 Insight 2에서 언급한 디지털 트랜스포메이션에 대해 한 번 짚고 넘어갈 필요가 있다. 디지털 트랜스포메이션이란 새로운 비즈니스 생태계를 정의하고 이를 운영하기 위한 기준을 설정함에 있어 기존의 아날로그적 상품과 서비스 그리고 운영체계에 디지털 기술을 접목시키는 것으로 정의한 바 있다. 4차 산업혁명 시대의 비즈니스 모델은 바로 디지털 트랜스포메이션의 정의에서부터 시작한다고 볼 수 있다. 테슬라의 경우 그들이 생산하는 전기자동차에 대한 정의를 새롭게 내렸다. 일반적인 자동차 메이커들은 자동차를 최첨단 기술이 집결된 하드웨어로 규정했으나, 테슬라는 자동차를 하드웨어와 소프트웨어가 결합된 하나의 디지털 디바이스로 규정함으로써 자동차에 대한 기존의 개념을 새롭게 정의함과 동시에 새로운 개념의 자동차 생태계에서 주도적인 위치를 자리매김하게 된 바는 우리에게 많은 시사점을 던져주고 있다.

데이터 자본주의에 주목하라

데이터가 모든 것을 좌우한다

4차 산업혁명
인사이트 **22**

4차 산업혁명 시대에 기업은 디지털화를 추구해야 한다는 이야기를 귀가 닳도록 들어오고 있다. 그리고 이 이야기는 앞으로도 더욱 강도 높게 듣게 될 것이다. 그렇다면 디지털화라는 것은 도대체 무엇을 의미하는 것인가? 앞서 Insight 2에서 디지털 트랜스포메이션에 대해 생각해 본 적 있다. 디지털 트랜스포메이션은 기업이 비즈니스 전반에 디지털 기술을 접목하여 새로운 비즈니스 생태계를 정의하고 이를 주도적으로 선도하기 위한 활동이라고 언급하였다. 그리고 고객, 제품, 프로세스 및 인력 관점에서 이를 살펴본 바 있다. 그런데 디지털 트랜스포메이션에 대한 이야기를 할 때 비중을 크게 두지 않은 부분이 있다. 디지털화란 궁극적으로 무엇인가 하는 부분이다. 부분적으로 예를 들기는 하였지만 이 부분들에 대한 구체적인 실행 방향성에 대해서는 다소 모호하게 제시하였던 것이 사실이다. 이번에는 이 부분에 대해 좀 더 깊이 생각해 보도록 하자.

Insight 5의 제목에서는 생뚱맞게 '자본주의'란 단어를 언급했다. 디지털화로 이야기를 시작해 놓고 왜 갑자기 자본주의라는 용어를 꺼냈을까…. 기업의 디지털화에 대해 많은 학자들이나 전문가들이 정의를 내놓는다. 일반적으로 기업의 디지털화는 기업 경영 전반에 걸쳐 디지털 기술을 접목시켜 경영 효율을 극대화하는 것으로 대부분 정의를 내리고 있다. 단지 표현의 방식만 조금씩 다를 뿐이다. 필자가 생각하고 있는 기업의 디지털화는 '기업의 전 영역에 있어 데이터가 생산될 수 있는 체계를 구축하는 것'으로 정의를 내리고자 한다. 데이터를 생산하지 못하는 체계는 아무리 첨단 기술이 도입되었다고 하더라도 디지털화되었다고 인정할 수 없다는 것이다. 따라서 기업의 디지털화 수준은 경영의 전 영역에 걸쳐 데이터가 생산될 수 있는 영역이 어느 정도인지로 파악할 수 있다. 좀 더 엄격한 잣대를 들이댄다고 하면 활용이 가능한 데이터를 얼마나 '실시간으로' 생산할 수 있는 가로 측정할 수 있다. 최근 제조업에 '스마트 팩토리' 열풍이 불고 있다. "4차 산업혁명 시대에 제조업이 살길은 스마트 팩토리뿐이다."라는 이야기가 나올 정도이다. 그렇다면 스마트 팩토리가 무엇인지…. 기존의 공장 자동화와 어떤 차이가 있는지에 대해 물어보면 그 차이점을 명확하게 설명하지 못하는 경우가 의외로 많다. 생산 현장에 대한 통제와 관리를 인공지능을 기반으로 운영하고 로봇의 도입을 통해 제조공정이 수행되는 체계를 과연 '스마트 팩토리'로 정의 내릴 수 있는가? 필자는 스마트 팩토리는 공장의 모든 운영과정이 데이터의 생산과 흐름, 분석으로 운영되는 체계를 스마트 팩토리라고 정의 내리고자 한다. 데이터의 생산과 흐름, 분석이 정상적으로 진행이 되어야 인공지능도 로봇도 정상적인 기능을 발휘할 수 있는 것이다. 제조 현장의 디지털화의 시작은 현장 작업자가 가지고 있는 경험적인 정보에 대한 정량적 데이터화이다. 그리고 이를 지속적으로 측정하고 생산할 수 있는 체계를 만드는 것이다. 이러한 관점은 단지 제조업에 국한되는 것은 아니다. 4차 산업혁명이 단지 산업 및 경제 영역뿐 아니라 사회, 정치, 문화 등 전 영역에 큰 영향을 미치게 되는 핵심 원인은 그동안 한정된 경계 내에 규칙 없이 무분별하게 쌓여있던 데이터들이 분석되기 시작했고, 데이터 간의 경계가 무너지고 상호 연결되면서 새로운 가치를 만들어냈기 때문이다.

필자는 4차 산업혁명에 대한 Insight로 데이터 자본주의를 언급했다.

여기서 이야기하는 자본주의란 '이윤추구를 목적으로 하는 자본이 중심이 되는 경제체제'라는 본연의 의미로 국한하기로 한다. 자본가와 노동자 등의 사회적 사상이 결부된 내용은 배제하고 오로지 경제학적인 측면에서만 생각하자는 의미이다. 앞서 언급한 바와 같이 4차 산업혁명 시대는 기업의 디지털화가 기반이 되어야 하고 기업의 디지털화는 그 기업이 경영 전반에 걸쳐 활용 가능한 데이터를 얼마나 생산하는지가 핵심이라고 언급한 바 있다. 이러한 관점으로 생각해 볼 때 기업이 얼마나 많은 데이터를 생산하고 이를 경영 전반에 얼마나 효율적으로 운영하는지가 4차 산업혁명 시대의 절대적인 경쟁우위라는 것이다. 과거에는 기업이 충분한 자본을 확보하고 이를 경영 활동 전반에 효율적으로 운영하느냐가 기업의 성장과 발전에 절대적인 요소였다면 4차 산업혁명 시대에는 기업이 얼마나 많은 데이터를 확보하고 운영하느냐가 기업의 성장과 발전에 절대적인 요소가 될 것이다. 그래서 필자는 이를 4차 산업혁명 시대의 '데이터 자본주의', 즉 데이터가 자본이 되는 세상으로 바라보아도 전혀 무리가 없다고 생각한다. 자본주의의 또 하나의 특성은 생산수단을 소유하는 자들이 시장과 경제를 주도해 나간다는 것이다. 이를 데이터 자본주의와 결부시켜 생각해 본다면 데이터가 생산되고 이를 저장하고 분석하는 일련의 운영체계를 얼마나 효율적으로 확보하고 있는지가 매우 중요하다는 것이다. 4차 산업혁명의 핵심기술인 소위 ICBM(IoT, Cloud, Big Data, Mobile)은 결국 데이터를 생산하고 저장하고 분석하여 활용하는 기술이라고 할 수 있다. 필자는 ICBM보다는 ICBAM이 현실적이라고 생각한다. 여기서 A란 A.I(인공지능)를 의미한다. ICBAM은 하나의 사이클이며 플랫폼이다. IoT를 통해 모든 물리적 현상이 데이터로 생산되고 이를 클라우드에 저장하여 빅데이터화 됨에 따라 분석하여 가치 정보를 창출하게 되면 인공지능이 학습하고 이에 대한 내용을 모바일 등을 통해 사람들에게 최적화된 가치를 제공 하게 되는 일련의 사이클이 형성된다는 의미이다. 창조경제연구회 이민 화 이사장은 이를 "스마트 플랫폼"으로 명명하고 있다. 이 스마트 플랫 폼을 기업들이 제대로 이해하고 효율적으로 구축하고 운영하느냐가 바 로 데이터 자본주의의 가장 중요한 경쟁요소가 될 것이라고 이민화 이 사장은 주장하고 있다. 스마트 플랫폼 체계를 구축하기 위해서는 적지 않은 비용의 투자와 기업 내·외부의 고정관념 탈피 등의 일련의 장애 가 있게 마련이다. 투자와 관련해서는 주목해야 하는 부분 중의 하나 는 데이터의 생산은 초기 투자비용이 발생하지만 이후 데이터를 추가 적으로 생산하는 데에는 추가비용이 거의 발생되지 않는다는 점이다. 즉, 데이터 생산의 한계비용이 제로에 수렴한다는 의미이다. 물론 새로 운 데이터를 추가적으로 생산하기 위해서는 관련된 추가 투자가 필요하 지만 기존 데이터의 생산에 있어서는 한계비용은 제로라는 점이다. 고 정관념 측면을 생각해 보자. 다양한 데이터를 아무리 많이 생산하더라 도 쌓아 두는 데이터는 아무런 의미가 없다. 4차 산업혁명 시대는 초연 결과 융합의 시대이다. 이것은 바로 데이터가 연결되고 데이터들이 융 합된다는 의미로도 생각할 수 있다. 그렇다면 현재의 데이터 운영방식 이 과연 현재의 변화와 트렌드에 부합되는 것인지를 생각해 보아야 한 다. 쌓아 두는 데이터는 절대 노하우가 될 수 없고, 중요한 보안사항이 라고 할 수 없다. 단지 기록물 또는 결과물일 뿐이다. 우리가 보유한 데 이터를 어떻게 외부 데이터와 연결하고 융합해서 새로운 가치를 만들어 낼 것인가에 초점을 두는 시각을 가져야 한다. 우선적으로 경영자부터 이러한 시각을 지닐 수 있어야 한다. 구태의연한 고정관념적 사고는 격변하는 환경 속에서 스스로를 후퇴시키고 결국은 경쟁에서 낙오되는 수준을 밟을 수밖에 없는 상황에 직면하게 될 것이다.

이상에서 4차 산업혁명 시대에는 데이터 자본주의가 도래하게 될 것이며, 이를 위해서 어떻게 대응을 해야 하는지에 대해 간략히 생각해 보았다. 많은 관련 산학계의 전문가들은 기업들이 에너지를 공급받아 생산에 임하듯이 앞으로는 클라우드에 저장되어 있는 데이터들을 공급받아 사용하게 되는 날이 올 수도 있다고 예측을 하였다. 과연 우리 기업이 4차 산업혁명 시대를 얼마나 준비하고 있는지가 궁금한가? 그렇다면 우리 기업의 경영 전반에 걸쳐 신뢰할 수 있는 데이터가 얼마나 실시간으로 생산되고 있으며, 그 데이터에 의해 의사결정이 진행되고 있는지를 파악해보라. 밖으로는 고객 경험, 내부적으로는 현장 베테랑의 현장 실무 경험이 데이터화가 되어 있는지 파악해 보라. 우리는 '데이터 자본주의 시대'에 생존할 수 있는 준비가 되어있는가?

4차 산업혁명 시대의 조직문화

4차 산업혁명 시대의 주역, 밀레니얼 세대를 주목하라

4차 산업혁명
인사이트 **22**

4차 산업혁명과 관련하여 상당수의 학자들이나 기업계의 유명 경영자들은 4차 산업혁명은 2010년대 들어오면서 시작되었으며, 2015년부터 이를 인지하기 시작했고 4차 산업혁명을 통한 경제적, 사회적 변화의 시점은 2020년을 전후해서 2030년에 절정에 달할 것이라고 예측을 하고 있다. 여기서 우리는 짚고 넘어가야 할 부분들이 있다. 2020년부터 2030년이 4차 산업혁명을 통한 변혁의 절정기라고 한다면 이 절정기를 책임질 주체들이 누구인지를 생각해 볼 필요가 있다. 일반적으로 기업에서 가장 주체적인 역할을 하면서 성과의 주역이라고 할 수 있는 세대는 30대 중반에서 40대에 이르는 세대라고 할 수 있다. 그렇다면 2020년부터 2030년에 이르는 시기에 그 연령대에서 기업과 사회의 주체로서 역할을 감당할 세대는 과연 누구인가? 우리는 이 부분에 대해 너무 간과하고 있다. 변화의 현상에만 집착하고 관심을 가지고 있을 뿐 향후 이러한 변화를 선도하고 주도할 주체들에 대한 관심도는 높지 못하다. 이번 4차 산업혁명 insight 6에서는 4차 산업혁명 시대에 기업을 이끌어갈 세대인 밀레니얼 세대에 대해 알아보고 향후 이들이 4차 산업혁명 시대의 주체로서 성장하기 위한 기업 문화의 방향성에 대해 생각해 보기로 한다.

밀레니얼 세대란 1981년부터 2000년 사이에 태어난 세대를 의미한다. 즉, 현재 연령이 18세 전후부터 35세 전후에 걸쳐 있는 세대로 생각하면 무방할 듯하다. 일반적으로 연령대를 구분할 때 1945년생 이전 세대를 전통 세대, 1946~1965년 세대를 베이비붐 세대라고 하며, 1966~1999년에 걸친 세대를 X세대라고 이야기한다. 그런데 여기서 이야기하는 전통 세대와 베이비붐 세대, X세대는 우리나라의 제반 환경을 기준으로 구분한 세대이지만 밀레니얼 세대는 유엔에서 정식으로 구분하여 지칭하는 세대로 알려져 있다. 이는 세계 어느 나라의 밀레니얼 세대도 유사한 특징을 나타내고 있으며, 향후 변화의 주체로서 많은 주목을 받고 있다는 의미라고 생각할 수 있다. 그렇다면 밀레니얼 세대는 어떠한 특성을 가지고 있는지 살펴보고 이들이 자신들의 역량을 최대한 발휘하면서 조직에 적응하고 치열한 산업 환경 속에서 경쟁력을 확보하기 할 수 있도록 유도하는 조직 문화의 방향성은 어떠한 것인지에 생각해 보는 일은 매우 중요한 의미가 있을 것이다.

일반적으로 밀레니얼 세대에 대해 기성세대는 몇 가지 선입관을 가지고 있다. 타인에 대한 배려가 없는 지극히 자기중심적이며, 끈기와 인내가 부족하고 협동과 협력에 대한 참여 의지가 미흡하다고 막연하게 생각하고 있는 경우가 의외로 많다는 것이다. 월스트리트 저널의 리더십 패널인 제니퍼 딜과 마셜 경영대의 조직개발센터의 선임연구원인 알렉 레빈슨은 그들의 공저인『밀레니얼 세대가 일터에서 원하는 것』에서 밀레니얼 세대의 특징을 자기중심적이지만 열심히 일을 하고 인정을 받는 것을 간절하게 원하지만 독립적인 성향이 강하며, 첨단기술에 익숙하고 혼자만의 시간을 갖는 것을 좋아하지만 대인 관계를 확대하기를 원하고 현재 조직에 대한 충성도가 높지만 자신을 더 성장시켜줄 수 있다고 판단되는 곳이 있다면 미련 없이 떠난다는 특징이 있다고 한다. 미국 최대 광고회사인 바클리의 부사장인 제프 프롬은 그의 저서『밀레니얼 세대에게 팔아라』에서 밀레니얼 세대는 주목받고 참여하고 싶어 하며 주역이 되고 싶어 하는 특성이 있다고 이야기한다. 그리고 그는 밀레니얼 세대는 역사상 가장 큰 소비 주체가 될 것이며, 그들을 대상으로 비즈니스를 하기 위해서는 그들이 우리 비즈니스의 주체가 되어야 한다고 이야기하고 있다. 그렇다면 우리는 밀레니얼 세대에 대해 얼마나 알고 있는가?

밀레니얼 세대의 특징을 간단히 정리해보자.

첫째, 밀레니얼 세대의 부모들의 교육 수준은 평균적으로 매우 높은 편이다. 이러한 부모들을 통해서 이들은 규칙 준수의 필요성을 배우며 성장했으며, 학교생활뿐 아니라 사교육 현장에서도 규칙 준수에 대한 부분들이 자신도 모르게 일정 부분 몸에 배어 습관화되어 있는 경향이 있다. 따라서 의미가 분명하고 공감한다면 기꺼이 제시된 규칙과 질서를 준수하는 경향을 가지고 있다.

둘째, 밀레니얼 세대들은 부모들의 지나친 관심을 받으며 성장을 한 경우가 이전 세대에 비해 월등하게 많으므로 상당 부분 부모에 대한 의존도가 높으며, 의외로 가족 친화적인 성향을 가지고 있다. 이러한 부분이 자신이 무엇인가에 대해 스스로 결정함에 있어 장애 요인으로 나타나기도 한다.

셋째, 가장 많이 오해를 받고 있는 밀레니얼 세대의 배타성과 이기적 태도에 대한 부분들이다. 밀레니얼 세대는 어려서부터 많은 유형의 단체 생활을 한 경험을 가지고 성장해 옴으로 인해 단체 생활에 대해 상당 부분 잘 적응하고 관계 지향적인 성향을 보이고 있다. 이러한 성향은 팀 활동이나 협업에 있어서 상당한 적극적인 태도로 활동에 임하며, 조직에 활력소 역할을 해 주는 경우들을 의외로 많이 찾아볼 수 있다.

넷째, 밀레니얼 세대는 동기부여와 자신의 성장에 가장 높은 가치를 두고 있다. 높은 급여와 좋은 복지를 포기하고 열악한 환경에서 자신이 원하는 일에 몰두하는 젊은이들이 적지 않은 이유도 바로 이러한 성향을 가지고 있기 때문이다. 기업에서 가장 중요하게 고려해야 할 부분이다.

다섯째, 자신을 소중히 여긴다는 것은 소속된 조직 속에서 본인이 불평등한 대우를 받는다고 느끼거나 공정하지 못한 평가를 받게 될 경우에는 언제라도 조직을 떠날 수 있는 성향을 가지고 있다는 의미이다. 이 부분 또한 기업에서 매우 주의를 기울여야 할 부분이다.

밀레니얼 세대의 특징을 상기의 다섯 가지로 간략하게 정리해 보았다. 그렇다면 4차 산업혁명 시대의 주체적인 역할을 감당해야 할 밀레니얼 세대들이 우리 조직 속에서 성장하고 경쟁력을 가질 수 있도록 하기 위해서는 어떠한 조직문화를 지향해야 하는지에 대해 생각해 보기로 한다.

첫 번째, 유연한 업무 환경이란 일하는 장소와 시간에 대한 기존의 방식을 개선하라는 의미이다. 정해진 시간과 장소에서 일을 하게 끔 하는 환경은 밀레니얼 세대의 자율적인 사고와 생활방식과는 분명 차이가 있다. 그들에게는 일하는 방식에 대한 유연성을 최대한 보장해 줄 필요가 있다. 아무리 좋은 환경과 여건이 제공된다고 하더라도 제한된 시·공간의 환경은 밀레니얼 세대에게 있어서는 경직된 사고와 업무 생산성의 저하를 가져올 확률이 매우 높다는 것이다. 대부분의 직원들이 밀레니얼 세대로 구성된 구글이나 페이스북에서는 이미 이러한 관점하에서 유연한 업무환경을 직원들에게 제공하고 있으며, 그 결과는 특별하게 언급하지 않더라도 다 알고 있을 것이다.

두 번째, 최근 일과 삶의 조화라는 이야기를 많이 하고 있다. 여기서 일과 삶의 조화라는 것은 과도한 업무량 때문에 삶의 질이 저하되고 있음으로 인해 이에 대한 개선의 필요성을 언급하고 있는 것이다. 밀레니얼 세대에게는 일과 삶은 하나의 동일한 연장선에서 봐야 한다. 밀레니얼 세대들은 노트북을 펼쳐 놓고 있으면 그 자리가 바로 일을 할 수 있는 근무지라는 생각을 가지고 있다. 새벽이든 한밤중이든 노트북을 펼쳐 놓고 있으면 바로 일을 할 수 있는 근무시간이다. '일은 일이고, 생활은 생활이다.'라는 기성세대의 사고와 방식을 밀레니얼 세대에게 강요해서는 안된다는 것이다. 그들은 그들 나름대로 일과 삶을 조화시키는 방식이 있다.

세 번째, 밀레니얼 세대는 의외로 의존적인 성향을 가지고 있다고 앞서 언급한 바 있다. 밀레니얼 세대는 자신들이 의지할 수 있는 멘토를 갖기를 원하고 그 멘토에게 인정받기를 원한다. 또한 본인들이 해결하지 못하고 있는 문제들에 대해서는 빠른 지원과 코칭을 통해 그러한 문제를 해결하고 싶어 하는 경향이 있다. 따라서 멘토와의 일상적인 만남은 이러한 그들의 욕구를 충족시켜 줄 수 있을 것이다.

네 번째, 투명성을 강화하라는 의미는 밀레니얼 세대들이 회사의 여러 분야에 걸쳐 의견을 개진하고 그 의견들이 반영되는 시스템을 갖추라는 의미이다. 그리고 회사의 주요 결정사항들에 대해서도 그 과정에 대해 구성원들이 참여하거나 공개할 수 있는 시스템은 밀레니얼 세대들이 자신의 회사에 대한 깊은 신뢰를 가질 수 있도록 함으로써 회사에 대한 충성도를 높일 수 있는 기반이 된다. 자신이 공정하고 공평한 평가를 받고 있다는 느낌을 줄 수 있는 인사평가 시스템의 운영 또한 매우 중요한 요소임을 감안할 필요가 있다.

다섯 번째, 협업의 촉진이다. 밀레니얼 세대는 소통하고 협업하고자 하는 기본적인 성향을 가지고 있다. 단 소통과 협업은 대부분 디지털에 기반해서 활발하게 참여하는 경향이 있다. 이러한 특성을 감안하여 기업 내·외부에 걸쳐 협업, 소통 플랫폼을 구축, 운영함으로써 밀레니얼 세대들이 활발하게 교류하고 협업을 통해 업무를 효율적이고 창의적으로 수행할 수 있는 환경을 만들어 주는 것이 좋다. 이러한 플랫폼은 단지 업무적 관점뿐 아니라 조직의 수평적 소통의 활성화를 위한 소통 플랫폼으로 그 역할이 확대될 때 그 효과가 배가 될 수 있을 것이다.

우리는 4차 산업혁명 시대의 주체로써 변화를 주도해 나가야 할 세대인 밀레니얼 세대의 특성에 대해 살펴보았고 그들이 기업의 주체로서 역량을 키우고 성과를 극대화할 수 있는 기업문화 및 운영체계에 대해서 정리해보았다. 아무리 인공지능이 인력을 대체하는 등 큰 변화가 일어난다고 하더라도 기업의 핵심 자산은 바로 사람이다. 이전과는 차원이 다른 변화가 우리에게 다가온 현실 속에서 향후 변화의 주체인 밀레니얼 세대들에 대해 좀 더 깊은 관심과 함께 그들이 회사의 경쟁력을 한 단계 업그레이드할 수 있는 기업 환경과 제도 등에 대해 심도 있는 대응책이 마련되어야 할 것이다. 싫든 좋든 간에 이제 그들은 이미 우리 조직의 주역이 되고 있다.

4차 산업혁명 시대,
마케팅의 역할을
재정의하라

소비자와의 연결을 통해 구매과정에 개입하라

4차 산업혁명
인사이트 **22**

마케팅의 아버지로 불리는 '필립 코틀러' 교수는 그동안 산업환경의 변화에 의해 시장을 구분해 오면서 그에 적합한 대응방안을 제시해 왔다. 공급자가 시장의 주도권을 가지고 있던 마켓 1.0 시대, 공급과잉으로 인해 수요자가 시장을 리드해 나가기 시작했던 마켓 2.0 시대, 기업이 단지 이윤 추구가 아닌 사회적 책임과 가치를 통해 기업의 브랜드 가치를 높여 나가는 데 중점을 둔 마켓 3.0 시대로 구분을 해 왔다. 앞서 구분한 마켓 1.0~3.0은 시장의 주체가 공급자인 기업에서 소비자로 넘어가고 있음을 보여주며, 고객만족이 아닌 고객감동 실현을 추구하는 방향으로 기업의 마케팅 전략이 진화되어야 함을 설명해 주었다. 그렇다면 새로운 패러다임으로 급변하고 있는 4차 산업혁명 시대의 마케팅은 과연 어떠한 대응전략을 수립하고 대응해야 하는가? 필립 코틀러 교수는 이를 마켓 4.0으로 정의하여 설명하고 있다. 마켓 1.0~3.0 시대로 발전하면서 기업은 고객 지향적인 활동에 주력하고 있다. 그러나 아직도 실제 시장에서는 절대 강자인 기업과 절대 약자인 소비자의 위치는 그다지 크게 달라지지 않고 있는 것이 사실이다. 그 이유는 정보의 비대칭성 때문이다. 즉, 기업이 보유하고 있는 정보의 양이 일반 개인 소비자가 가지고 있는 정보에 양에 비해 월등하기 때문에 소비자들은 기업이 제공하는 정보에 전적으로 의존하는 수밖에 없다는 것이다. 인터넷 기술이 발달됨에 따라 소비자의 정보 취득 정도는 다소 나아졌다고 하지만, 그것은 단지 자신이 소비에 대한 의사결정을 하기 위한 참조적인 정보에 국한된다고 할 수 있다.

4차 산업혁명 시대를 '초연결(High-Connection) 시대'라고 한다. 모든 것이 연결되는 세상이라는 것이다. 연결이란 바로 정보들을 서로 주고

받으며, 공유한다는 의미이다. 마켓 4.0은 이점에 주목하고 있다. 모든 소비자들이 연결되어 하나의 거대 커뮤니티를 형성하게 되고 이를 통해 막대한 양의 정보를 확보하게 됨으로써 소비자와 기업 간의 정보의 비대칭성이 사라지고 기업과 소비자가 수평적 관계를 갖게 된다는 것이 마켓 4.0의 가장 핵심적인 내용이다. 기업과 소비자가 상호 수평적인 관계를 갖게 된다는 것은 과거 기업이 소비자에 대한 배타적인 정책에서 고객을 적극적으로 포용하는 정책으로 바뀔 수밖에 없다는 것을 의미한다. 포용적 정책이란 기업이 소비자가 원하는 제품과 서비스를 공급하기 위해 소비자들의 의견을 조사하고 반영하는 것에 그치지 않고 제품이나 서비스 개발이나 개선 과정에 직접 소비자를 개입시키는 것을 의미한다. 'Quirky'라는 회사는 온라인상에 고객 커뮤니티 플랫폼을 운영하면서 고객들의 아이디어를 제품화화는 프로세스를 운영하고 있다. 제안된 아이디어에 대해 플랫폼상 참여자들의 투표를 진행하고 이를 통해 최종 선정된 아이템을 자사 개발팀을 통해 상품화하여 출시하고 이를 통해 얻은 수익을 제안자에게 마일리지 형태로 피드백을 주는 방식으로 운영하고 있다. 그리고 로레알이 인수한 NYX는 뷰티 플랫폼을 운영하여 새로운 화장법이나 자사 제품의 다양한 활용사례를 공유하게 하고 이를 통해 얻어지는 정보를 신제품 개발에 반영하고 있다. 상기의 사례의 경우 마케팅 관점에서 가장 주목해야 할 사항은 우리가 운영하고 있는 플랫폼에 어떻게 소비자들을 참여하게 만들 것인가 하는 것이다.

이제부터 마켓 4.0 시대에서 가장 중요하다고 할 수 있는 소비자의 구매 경로에 대해 언급하고자 한다. 마켓 4.0 시대에서 필립 코틀러 교수는 구매 경로를 5A로 정의하고 있다. 5A란 **인지**(Awareness), **호감**(Appeal), **질문**(Ask), **행동**(Action), **옹호**(Advocacy)를 의미한다. 간단히 5A를 살펴보기로 한다.

인지(Awareness)란 매체를 통해 상품이나 서비스를 알게 되는 단계를 의미한다. 일반적인 광고 또는 지인들의 추천을 통해 상품이나 서비스를 인지하게 되는 것이 일반적이며, 전통적인 마케팅 영역에서는 이 영역에 가장 많은 비중을 두게 된다.

호감(Appeal)이란 인지하게 된 제품이나 서비스에 대해 자신에게 효용성이 있는지에 대해 생각해 보는 단계이며, 이를 통해 구매의사가 나타나게 된다.

질문(Ask)이란 구매의사가 생겨나면 해당 상품이나 서비스에 대한 의견을 취합하는 과정이다. 사용후기나 자신의 궁금한 사항들을 온라인상에서 취합하는 단계이며, 이때 의견을 구하는 대상은 소비자 개인과는 일면식도 없는 사람들이 대부분이라는 것이 주목할 만한 사항이다. 구매의사를 확정하는 데 있어 가장 핵심적인 단계이며, 실제로 마케터들이 가장 관심을 가지고 접근해야 하는 단계라고 볼 수 있다.

행동(Action)이란 실제로 구매가 일어나는 단계이며, 고객 경험이 본격화되는 단계라고 할 수 있다.

옹호(Advocacy)란 자신의 구매한 상품이나 서비스에 대한 의견을 공개적으로 개진하는 단계이다. 즉, 상품과 서비스에 대한 자신의 경험을 표현하는 단계로 긍정적인 경험을 통해 기업에 긍정적인 의견을 개진할 수 있는 반면에 부정적 경험을 했다면 부정적인 의견을 개진할 수 있다. 이러한 소비자의 옹호 활동은 앞선 질문(Ask) 단계와 연계가 되며 이는 소비자의 구매의사 결정에 적지 않은 영향을 줄 수 있다. 과거에 마케터들은 구매 소비자에 대한 유지관리를 통해 충성고객화 하는 것이 주된 목적이었다면 향후에는 어떻게 소비자들이 우리 기업의 상품과 서비스에 대해 긍정적 옹호자가 될 수 있도록 할 것인가에 대한 고민이 필요하다.

상기에서 구매 경로 5A에 대해 간략히 살펴보았다. 과거에는 어떻게 우리 상품과 서비스를 고객에게 알릴 것인지에 대한 인지 단계에 주력을 해 왔다면 현재는 소비자들이 우리 상품과 서비스를 구매하는 데 있어 가장 큰 영향을 미치는 단계인 질문 단계와 옹호 단계에 어떻게 관여하고 이에 대한 영향력을 미칠 수 있을 것인가에 주목을 해야 한다. 글로벌 화장품 회사인 SHPORA는 회사의 이름으로 직접 각종 뷰티 플랫폼에 하나의 일원으로 참여해서 질문 단계와 옹호 단계에 객관성을 가지고 직접 참여함과 동시에 의견을 개진하고 좋은 정보를 지속적으로 제공함으로써 하나의 상품을 판매하는 기업이 아니라 여러 소비자들과의 온라인 동료로서 이미지를 확보하는 데 주력했다. 이러한 활동은 소비자 친화적인 이미지를 각인시킴으로 구매 경로에 기반한 마케팅 활동의 모범적인 사례로 주목받고 있다.

한 가지 추가적으로 생각할 부분은 Influence Mix라는 개념을 이해할 필요가 있다. Influence Mix란 '이타마르 시몬스'와 '에마뉘엘 로젠'이 공동으로 저술한 『절대가치』라는 책에서 제시한 개념인데 소비자의 의사결정은 P-O-M 프레임에 의해 결정된다는 이론이다. P는 개인적인 경험(Personal Experience), 즉 개인의 사용 경험이나 기호, 성향을 의미하며, O는 다른 사람(Other People), 다른 사람의 의견을 의미하고, 마지막 M은 기업의 마케터(Marketer), 기업의 마케팅 활동에서 제공하는 정보를 의미한다. 과거에는 M과 P의 믹스가 구매의사 결정에 절대적인 역할을 해 왔으나, 현재는 O가 구매의사 결정에 상당한 비중을 차지하고 있다는 것이다. 이는 앞서 언급한 5A에서 질문 단계와 옹호 단계가 구매의사 결정에 결정적인 영향을 미친다는 것과 일맥상통하다.

4차 산업혁명 시대의 마케팅의 역할은 소비자들이 구매과정을 즐길 수 있도록 구매 경험을 제공해 주는 것에 초점을 두어야 한다. 어떻게 우리 제품을 잘 알리고 각인시켜줄 것인지에 대한 고민은 소비자가 우리 상품과 서비스를 인지하는 데 국한될 뿐이며, 실제로 소비자의 구매에 대한 의사결정에 미치는 영향도는 과거에 비해 크지 않다. 소비자의 구매 경로에 주목해야 한다. 그리고 그 구매 경로에 적극적으로 참여하여 소비자의 친구가 되고 동료가 되어야 한다. 이것이 4차 산업혁명 시대 마케터들의 역할이다.

4차 산업혁명 시대의 변화관리

기계와 공존(共存)하고 사람과 공감(共監)하라

4차 산업혁명
인사이트 **22**

4차 산업혁명 인사이트를 통해 4차 산업혁명 시대는 무엇이 어떻게 변화하는지와 디지털 트랜스포메이션, 4차 산업혁명 시대의 혁신 전략 및 혁신을 촉진하기 위한 조직 형태, 4차 산업혁명 시대의 비즈니스 모델, 그리고 4차 산업혁명 시대의 조직문화 등을 생각해 보았다. 그렇다면 기업은 이전과는 차원이 다른 변화 속에서 어떠한 변화관리 전략을 수립하고 이를 실행해야 하는지에 대해 생각해 보기로 한다.

　모든 것은 변한다. 그리고 변화는 늘 진행형이다. 따라서 변화 관리도 늘 진행형이 되어야 한다. 그런데 많은 기업들은 변화 관리를 특정한 이벤트 취급하는 경향이 있다. 특정한 시스템이 도입되는 경우나 또는 전사적으로 혁신이란 이름으로 행해지는 활동이 있을 경우 이들과 연계되어 변화 관리 방안을 기획하고 수행하기 위한 노력을 기울이는 것으로 한정하고 있는 듯하다. 즉, 변화 관리를 진행형으로 생각하기보다는 특정한 이벤트의 부수적인 활동으로 생각하는 경우가 의외로 상당수 존재하고 있다. 일반적으로 기업은 관리 요소를 가치사슬로 정의하고 이에 대해 프로세스 및 시스템을 통해 과학적이고 체계적인 관리를 진행하고 있다. 그런데 필자는 가치사슬 속에 변화라는 항목이 반영되어야 한다고 생각한다. 왜냐하면 가치사슬의 요소들은 기업이 존속하기 위해서 일상적으로 관리해야 하는 핵심적인 경영 요소이기 때문이다. 이러한 가치사슬의 경영 요소들은 반드시 정치적, 사회적, 경제적 그리고 기술적 변화에 관련성을 가지고 있게 마련이다. 따라서 '변화'라는 요소는 경영에서 일상적이며, 지속적으로 관리해야 하는 매우 중요한 항목인 것이다. 단지 특정한 이벤트와 연계되어 진행되는 항목이 아니란 의미이다. 특히 4차 산업혁명이란 인류가 그동안 접해 보지 못했던 가장 큰 변화의 시대 있어서 '변화 관리'는 이전의 그 어떤 경영 활동보다 그 중요성의 의미가 높다고 할 수 있을 것이다.

융합과 연결에 기반한 산업 경계의 붕괴와 산업 영역 그리고 기업 고유의 정체성 상실, 디지털 트랜스포메이션에 기반한 비즈니스 모델의 변화 그리고 가장 현실적으로 다가오고 있는 기계와 인공지능에 의한 일자리의 대체, 에너지와 연계된 환경문제의 심각한 대두 등 이전과는 차원이 다른 변화를 과연 기업의 구성원들이 이해하고 공감하고 있는 가? 얼마 전 모 기업의 4차 산업혁명과 관련된 워크숍에 참석하여 강의를 한 적이 있다. 참석한 인력들은 기업의 중간 간부 이상급으로 나름대로 회사 내에서 중요한 역할을 하고 있는 핵심인재라고 판단되었다. 그런데 4차 산업혁명의 변화가 과연 우리에게 어떠한 영향을 줄 것인지에 대해 그다지 심각하게 생각하고 있지 않은 듯 보였다. "아직 4차 산업혁명에 대한 명확한 정의도 내려지지 않은 상태이며, 4차 산업혁명 시대가 도래된다고 하더라도 현실화되기까지 시간이 걸릴 것으로 보이는데 너무 과민 반응을 보이고 있는 것 아니냐"라는 반응이었다. 그래서 필자는 해당 워크숍에서 이미 변화의 중심 속에 우리가 들어와 있음을 설명하였다. 그 변화가 4차 산업혁명이라고 불리는 것이든 그렇지 않든 간에 말이다. 쉬운 예로 우리는 언제부터인가 대부분 신문과 TV 뉴스를 보지 않는다. 일방적으로 모든 정보를 전달하는 방식에서 내가 원하는 정보를 모바일을 통해 선별해서 보는 방식으로 이미 바뀌었음을 의미한다. 다만 우리가 인식하고 있지 못할 뿐이다. 많은 사람들이 은행을 가지 않고 모바일을 통해 은행 업무를 처리하고 있다. 이로 인해 은행 점포 수가 급격하게 줄어들고 있으며, 은행의 물리적 기능의 상당수가 사이버로 이동함으로 인해 우리가 그동안 일반적으로 생각해 왔던 기존의 은행 모습은 이전과는 상당 부분 변화된 모습을 보이고 있다. 대부분의 사람들은 핸드폰을 가지고 있지 않다고 하면 불안해하고 있다. 심지어 핸드폰을 집에 두고 나올 경우 회사나 학교에 지각할지언정 집으로 다시 가서 핸드폰을 챙겨서 나오는 경우가 적지 않다고 한다. 앞의 내용들은 우리가 느끼지 못한 사이에 변화 속에 있는 우리의 모습을 나타내고 있는 사례들이다. 기업도 다를 바 없을 것이다. 인공지능이 인간의 언어 중 영어는 거의 90% 이상을 인식하는 수준에 이르렀고, 한국어의 경우도 약 70% 이상의 자연어를 인식하는 수준에 이르렀다고 한다. 현재의 기술발전 속도라고 한다면 향후 2~3년 내 인공지능이 인간의 자연어를 100% 인식하는 수준에 이르게 될 것이다. 그때는 과연 어떠한 변화가 일어나게 될 것인가? 인간이 기계에 비해 가장 강점을 가지고 있는 부분이 바로 소통이다. 그동안 인간은 기계에게 일방적인 명령과 지시에 의해 기계를 작동시켰다. 그러나 이젠 그 소통이 더는 인간들만의 전유물이 아니라는 것이다. 이 부분은 기업에 있어서 엄청난 변화를 몰고 올 것이다. 방대한 지식으로 무장된 인공지능, 기계들이 소통 역량을 갖게 된다면 과연 기업에서 사람들이 할 수 있는 일들은 무엇이 있을까? '클라우드 슈밥' 교수는 4차 산업혁명으로 인해 약 710만 개의 일자리가 사라지고 200만 개의 일자리가 생성될 것이라고 언급한 바 있으나, 필자의 생각에는 인공지능이나 기계로 대체되는 일자리는 이보다 훨씬 더 심각한 수준이 될 것이라고 확신한다. 그렇다면 우리의 바로 앞에 아니면 이미 놓여 있는 이러한 변화들에 대해 기업들은 어떻게 대응을 해야 하는가?

공존(共存)과 공감(共感)이란 단어가 있다. 공존이란 "함께 도와서 함께 존재하는 것"이라는 의미를 가지고 있으며, 공감이란 "다른 사람의 생각과 감정에 대해 자신도 그렇게 느끼는 것"을 의미한다. 필자는 4차 산업혁명 시대의 변화 관리는 "기계와 공존하고 사람과는 공감하라."라는 개념을 제시하고자 한다.

기계의 발전과 기업 경영은 별도로 분리해서는 생각할 수 없다. 경영의 여러 영역에 있어서 기계의 힘을 도입하지 않을 수는 없다. 오히려 이를 얼마나 적극적으로 도입하느냐가 시장에서 경쟁력을 확보하는 척도가 될 수도 있다. 그렇다면 어떻게 이를 받아들여야 하는가? 이때 공존의 의미를 생각해 보아야 한다. 기계와 인간이 공존하는 방안을 찾아야 한다는 의미이다. 앞으로의 시대는 인간과 기계가 함께 존재할 수밖에 없는 시대이다. 따라서 함께 존재하기 위해서는 서로 도움을 주는 존재가 되어야 한다. 이를 위해서는 경영자의 패러다임 전환이 필요하다. 기계를 사람으로 대체한다는 패러다임이 아니라 사람들이 업무를 수행함에 있어 어떤 영역에서 도움을 받을 것인가에 관한 패러다임을 가져야 한다. 이는 사람과 기계가 대체의 관계가 아니라 상호보완적 관계임을 의미하는 것이다. 최근의 경향이 온라인상에서 주문한 물품에 대해 최대한 신속히 배송하는 것을 목적으로 한다고 하더라도 자신의 아내에게 줄 결혼기념일 선물을 드론을 통해 배송받는 것을 선호하는 고객은 그리 많지 않을 것이다. 사람을 통해 고객에게 가치를 제공하는 분야가 있고 기계를 활용해서 고객에게 가치를 제공하는 분야가 있을 것이다. 4차 산업혁명 시대는 기계가 인간을 대체하는 시대가 아닌, 인간과 기계가 공존하는 시대로 정의되어야 할 것이며, 이 정의는 기업에서 의사결정의 주체인 경영자들의 경영이념으로 확립되어야 한다.

인간과 기계가 공존하는 환경이라면 사람들 간에는 어떠한 환경이 마련되어야 할 것인가? 바로 공감하는 환경이 조성되어야 한다. 우리나라의 많은 기업들이 변화 관리에 성공하고 있지 못하는 이유가 바로 직원들이 변화에 대해 공감하고 있지 못하고 있기 때문이다. 수많은 변화 관리 서적들을 보면 변화 관리의 첫 번째 단계로 '위기의식의 전파'를 제시하고 있다. 언제나 기업들은 쉽지 않은 환경 속에서 사업을 추진하고 있다. 그래서 늘 경영자들은 위기의식에 기반을 두고 경영 활동을 진행하고 있다고 해도 크게 잘못된 이야기는 아니라고 생각한다. 그러나 직원들의 생각과 입장은 다르다. "우리나라의 기업들은 태고 이래로 한 번도 위기가 아닌 적이 없다."라고 이야기를 하는 경우를 많이 듣곤 한다. 시장 환경이 좋을 때는 안 좋은 시기를 위해 허리띠를 졸라매야 한다고 하고 시장 환경이 좋지 않을 경우에는 상황이 좋지 않으니 좋은 시기를 생각하며 허리띠를 졸라매자고 경영자들은 늘 주장한다. 일부는 공감하겠지만 대부분의 직원들은 위기라는 상황을 경영자들이 수익을 높이기 위해 떠들어 대는 하나의 수단이라고 생각하고 있는 것이다. 그러다 보니 경영자와 직원들 간에 공감대가 형성되지 못하게 되고, 변화하는 상황에 대해 구성원들이 무감각해지고 있는 것이다. 향후 실제로 직원들이 위기를 체감하는 상황이 왔을 때 그제야 상황을 인식하고 급여를 반납하고 대규모의 구조조정을 한다고 하지만 이미 그때는 상황을 전환시키기에는 쉽지 않은 것이 현실이다.

그렇다면 왜 직원들은 회사가 처해진 여러 상황에 대해 제대로 공감하고 있지 못하는 것일까? 몇 가지 이유를 생각해 보자. 첫 번째로는 회사의 미션과 비전에 대한 공감을 하고 있지 못하고 있는 부분이다. 미션과 비전은 내가 이 회사에서 근무하고 있는 이유와 가치이다. 그 이유와 가치에 대해 내가 공감을 하지 못하고 있다면 그저 회사는 자신에게 생계를 유지하기 위한 수단밖에 되지 않을 것이다. 구글은 "세상 모든 사람들이 정보에 쉽게 접근하고 활용할 수 있는 세상을 만드는 것"을 미션으로 삼고 이러한 미션을 부합한 비전을 수립하여 이를 전 직원이 공감하고 있다. 아마존은 "온라인 세상에서 원하는 모든 것을 누구나 구매할 수 있는 세상을 만드는 것"이 미션이다. 이러한 미션을 명확하게 제시하고 전 구성원이 이를 공감하고 자신의 역할에 충실함으로써 구글이나 아마존은 4차 산업혁명 시대의 변화를 주도하는 기업으로 자리매김하고 있다. 두 번째로는 기업 경영의 투명성 부재이다. 상당수 기업의 직원들은 회사에 대해 불신을 가지고 있다. 회사의 정책이나 평가 등이 투명하지 않다는 생각을 가지고 있기 때문이다. 투명하지 않다는 의미는 자신이 회사에 대해 일종의 피해 의식을 가지고 있다는 생각을 유발한다. 따라서 이러한 생각에 사로잡혀 있는 직원들은 당연히 회사의 모든 사안에 대해 수동적이 될 수밖에 없는 것이다. 그렇다면 4차 산업혁명 시대의 변화 속에서 생존하기 위해 어떻게 회사와 직원, 직원들 간 공감할 수 있도록 할 것인가? 몇 가지를 생각해 보기로 한다. 첫째로는 앞서 구글이나 아마존의 예를 들었지만 전 직원들의 마음속에 긍지와 자부심 그리고 사명감을 부여할 수 있는 미션과 비전을 수립하는 일이다. 그리고 그 미션과 비전에 기반한 회사의 정책이나 비즈니스 모델이 수립되어야 한다. 긍지와 자부심, 사명감은 사람의 마음속에 열정을 불러일으키며, 모든 일에 자발적이며 적극적인 태도를 갖게 한다. 변화에 대해서도 도전적이며, 이를 극복하기 위한 창의성을 발휘하게 한다. 이러한 사례를 우리를 구글, 아마존, 페이스북 등에서 찾아볼 수 있는 것이다. 변화 관리의 시작은 전 직원들이 한마음, 한뜻으로 공감할 수 있는 미션과 비전을 정립하는 일이다. 둘째로는 스스로 위기를 깨닫게 해야 한다. 위기는 아무리 옆에서 외치고 떠들어도 본인이 느끼질 못하면 아무런 소용이 없다. 스스로 깨닫도록 해야 한다. 그러나 대부분의 기업들은 이러한 위기의식을 대부분 교육 중심으로 풀어나가려 하고 있는 것이 일반적이다. 물론 교육이 필요하다는 것을 부정하는 것은 아니지만 교육만으로 위기의식을 깨닫게 하는 것이 과연 얼마나 효과가 있을까 하는 의문을 가질 수밖에 없다. 필자가 제안하는 방식은 직원들에게 본인의 업무 중에서 자동화가 가능한 업무(자동화 가능 업무에 대한 판단 가이드라인은 기업이 제공)를 도출하게 하고, 자신의 업무에서 몇 %가 자동화로 전환할 수 있는지를 작성하게 하는 방식이다. 자신의 업무에서 자동화로 전환할 수 있는 업무를 제외했을 경우 자신의 업무 생산성을 측정하게 하고 자동화로 전환된 업무 대신 본인이 어떠한 업무를 추가적으로 진행할 것인지에 대한 계획안을 작성하게 한다. 이러한 계획안을 수립하는 동안 모든 직원들은 실제로 환경 변화가 개인에게 어떠한 영향을 미치는지에 대해 스스로 위기의식을 깨닫는 계기가 오게 된다. 그동안에는 업무 진행의 불편함에 대한 개선 중심으로 모든 업무 자동화가 진행되어 왔지만 지금부터는 업무 불편 차원이 아니라 업무 대체 차원으로 업무 자동화가 진행됨을 인식해야 한다. 그리고 본인의 업무영역 중에서 기계로 대체가 불가능한 업무영역을 스스로 찾아내도록 하는 것이다. 이러한 변화 관리 방법은 모든 구성원들이 현재 상황에 대한 명확한 인식과 이해를 통해 이를 극복하기 위한 자발적이고 창의적인 대응을 진행하기 위한 노력을 촉진시킬 것이다. 그리고 그 노력의 바탕은 위기에 대한 회사와 직원들의 공감대로 형성되어야 한다. 회사는 직원들의 노력을 단순히 현실 타파적인 시각과 관점으로 취급해서는 안 되며, 직원들 또한 다가오는 현실에 대한 부정을 통해 현재의 자리만을 유지시키고자 하는 태도는 향후 더 큰 어려움을 야기할 수 있음을 알아야 할 것이다.

변화 관리와 관련해서 "변화하지 않으면 변화 당한다."라는 이야기는 누구나 들어 보았을 것이다. 특히 4차 산업혁명 시대는 이러한 이야기가 더욱 현실감 있게 와닿는다. 특정한 영역에 대해 전문성을 가지고 평가를 하는 비즈니스 모델을 가지고 있는 기업이 있다. 그 기업의 임원과 이야기를 나누면서 앞으로 짧으면 3년, 길어도 5년 내 모든 평가원들이 대부분 인공지능으로 바뀌게 될 텐데 어떻게 준비를 하고 있는지에 대해 질문을 한 적이 있다. 그런데 해당 임원은 뜻밖의 이야기를 들려주었다. "그것이 가능할까요?" 100% 가능하다. 평가라고 하는 것은 많은 정보들이 쌓이고 특정한 프로세스에 의해 진행되는 것이다. 평가의 기준은 모두 기존의 정보에 의존하게 된다. 그렇기 때문에 가능한 것이다. 그리고 기계를 통한 업무 진행은 사람에 비해 일관성이 있고, 빠르며 정확하다. 사람은 24시간 일을 할 수 없지만 기계는 가능하다. 이러한 장점이 있는데 기계로 대체하지 않는 경영자가 있을까? 정보가 있고 프로세스가 있는 영역은 100% 인공지능으로 대체가 가능한 영역이다. 앞으로 경영자들은 어떻게 기계와 사람을 공존시킬 것인지에 대해 심각한 고민을 해야 할 것이다. 그리고 조직의 실무자들은 어떻게 기계의 일과 사람의 일을 구분할 것인가에 대한 고민을 스스로 해야 한다. 결과만을 놓고 불만을 토로하는 그러한 태도는 더는 용납되기 어려운 현실이기 때문이다. 스스로 변화해야 하며, 스스로 이를 위해 끊임없는 노력이 필요하다. 변화하지 않으면 변화 당할 수밖에 없는 현실이 바로 우리가 체감할 수 있는 현실로 우리 앞에 다가와 있다.

고객에게 무엇을 팔 것인가?

Capavice 개념을 주목하라

4차 산업혁명
인사이트 **22**

최근 산업계의 주요한 트렌드 중 하나가 '제조와 서비스의 융합'이다. 이러한 개념은 '서비타이제이션(Servitization)'이란 개념으로 1980년대 후반부터 연구가 진행되어 왔으며, 2000년 중, 후반에 들어오면서 제조업의 새로운 성장 패러다임으로 강조되어 왔다. 그리고 여기서 가장 중요한 사실은 고객이 요구하고 있는 가치의 개념이 바뀌고 있다는 점이다. 이번 Insight에서는 이러한 점에 대해 살펴보기로 한다.

2000년대 중, 후반부터 시장에서 이러한 관점의 비즈니스 모델을 기반으로 사업을 추진하는 기업들이 하나둘씩 생겨나기 시작했다. 국내에서는 가장 대표적인 기업이 바로 '코웨이'이다. 코웨이는 자사에서 생산하는 정수기를 비롯한 비데, 공기청정기 등의 제품에 대해 기능을 판매하고 이에 대한 유지관리 서비스를 제공하는 비즈니스 모델을 선보였다. 그리고 이는 큰 성공을 거두었다. 공장에서 자사의 브랜드로 제품을 생산을 하지만 생산된 제품을 파는 것이 아니라 고객이 요구하는 기능을 제공하는 하나의 도구로써 자사의 제품을 정의하고 고객이 해당 기능을 지속적으로 사용하는 데 문제가 생기지 않도록 이에 대한 지속적인 서비스를 제공하고 있다. 이러한 비즈니스 모델에서 실제로 수익이 발생되는 부분은 제품을 판매하는 판매 수익이 아니라 고객이 요구하는 기능을 지속적으로 보장해 주기 위해 제공되는 서비스이다.

코웨이의 비즈니스 모델은 이제 산업 내에서는 보편화된 비즈니스 모델이 되었다. 여기서 필자가 가장 주목하고 있는 부분이 있다. 그것은 고객의 욕구 변화이다. 과거의 소비는 과시욕에 기반한 소유 중심이 상당 부분을 차지하고 있었다. 해당 제품이 꼭 필요하지 않다고 하더라도 단지 제품을 보유하는 그 자체에 자신의 가치를 두고 있었기 때문에 기꺼이 비용을 지불하고 해당 제품을 자신의 소유 관점에서 소비가 이루어지는 경우가 대부분이었다. 일반적으로 이러한 소비패턴은 정보화 사회가 본격적으로 진행되면서 서서히 바뀌어 가기 시작했다. 정보화는 그동안 단절된 소비자들의 네트워크를 점진적으로 확대해 나가기 시작했으며, 이를 기반으로 하는 상호 간의 정보교류는 소비자 개인의 욕구를 한두 가지에 대한 집착적인 소유보다는 좀 더 많은 것을 다양하게 경험해보고자 하는 것으로 변화해 갔다. 이러한 변화는 소비자가 지향하는 가치의 기준이 바뀌었다는 것을 의미한다. 코웨이는 이러한 소비자의 경향을 면밀하게 파악하여 이에 대한 대응논리 차원에서의 비즈니스 모델을 시장에 적용하여 성공을 거둔 것이다.

제조업에서 가장 중요시하는 것은 품질과 원가이다. 그중에서 품질은 기업의 존망을 결정짓는 제품의 절대적인 가치라고 생각하고 있다. 그리고 이를 위해 기업은 상당한 노력을 기울여 왔다. 1970년대부터 제조 현장 중심으로 진행되어 온 많은 혁신 활동 중에서 아직까지 기업에서 그 중요성에서 최우선 순위로 자리매김하고 있는 부분이 바로 QM(Quality Management)이기도 하다. 그런데 현재 시장 상황을 가만히 바라보면 시장에서 판매되고 있는 동종 제품들 간의 품질이 과연 얼마나 차이가 있을까 하는 의구심이 든다. 품질의 차이가 아닌 자사의 브랜드가 어느 기능에 더욱 집중을 하는가에 따라 차별적 포인트는 있을지언정 고객들이 느끼는 일반적인 품질 수준이 고객에게 어필이 되는 시기는 지났다는 생각이다. 이미 고객이 느낄 수 있는 정도의 품질 문제를 안고 있는 제품이라면 이는 이미 시장에서 고객의 외면을 받아 자연스럽게 퇴출되었을 것이다. 현재의 시장에서 소비자의 선택을 위해 경쟁을 하고 있는 제품의 품질은 일정 수준 이상 상향 평준화되어 있으며, 이 부분을 경쟁적 요소라고 하기에는 시장의 눈높이는 이미 이를 넘어섰다.

그렇다면 4차 산업혁명 시대를 운운하고 있는 이때 소비자들이 제품의 선택 기준은 과연 무엇일까? 학계와 산업계의 전문가들이 많은 관점에서 이야기를 하고 있지만 이를 요약하면 소비자가 생각하는 '가치(Value)'이다. 소비자들은 소유보다는 내가 생각하고 원하는 것, 내가 안고 있는 문제를 해결해 줄 수 있는 것이 있다면 이에 대한 비용을 기꺼이 지불할 용의가 있다는 것이다. 이러한 소비의 패턴은 최근 소비 패턴의 주류인 가성비(가격 대비 성능)에 가심비(가격 대비 심리적 만족감)가 결합되는 형태로 나타나고 있다. 가성비에서는 언급하고 있는 성능(Capability)은 해당 제품이 가지고 있는 고유의 기능을 의미한다. '소비자가 원하는 기능을 다양한 방법으로 문제없이 제공하는가?'로 정의할 수 있다. 가심비에서 언급하고 있는 심리적 만족감이란 두 가지로 생각할 수 있다. 한 가지는 제품이 제공하는 기능에 대한 만족감과 다른 한 가지는 제품을 통해 얻을 수 있는 부차적인 만족감으로 생각할 수 있다. 후자가 바로 제품과 결합되어 있는 서비스(Service)라고 필자는 정의한다. 따라서 현시대의 소비자는 가성비와 가심비를 만족시킬 수 있는 가치에 대해 비용을 지불하겠다는 생각을 가지고 있다는 것이다. 따라서 소비자, 즉 고객이 생각하고 있는 가치는 제품의 성능과 제품과 연결된 서비스가 결합된 욕구라고 설명할 수 있다. 이것을 필자는 캐파비스(Capavice)라고 명명하고자 한다. 캐파비스는 제품의 성능을 뜻하는 Capability와 제품에 연결된 서비스의 영문인 Service를 결합한 용어이다. 캐파비스는 제조와 서비스의 결합을 의미하는 용어로 소비자들이 제품에 대하여 요구하고 있는 가치를 일컫는 용어라고 생각해도 무방하다.

몇 가지 사례를 통해 캐파비스의 관점을 생각해 보기로 한다. 예를 들어서 디지털 체중계를 생각해 보자. 과거에는 체중계의 사용 목적은 그저 몸무게를 측정하는 것이 그 가치였다. 그런데 최근 사용하고 있는 체중계의 사용 목적은 몸무게 측정이 아니라 건강관리다. 따라서 체중계는 체중계와 관련 있는 기능들, 즉 체지방 등을 함께 측정할 수 있는 기능들이 포함되고 일정기간 동안 측정한 체중의 변동 추이 등 다양한 분석자료를 확인할 수 있는 기능을 포함하고 있다. 이러한 부분이 바로 체중계의 기능, 즉 Capability이다. 이 체중계는 체중계를 사용하고 있는 사용자의 다양한 정보를 축적하고 측정된 체중 값이나 체지방 값을 제조사 또는 제조사가 제휴를 맺은 보건, 의료기관에 전송하면 해당 기관은 전송받은 데이터를 바탕으로 사용자에게 맞춤형 건강정보를 정기적으로 제공해 주는 서비스를 제공하게 된다. 그리고 디지털 체중계에 새로운 기능이 추가될 때마다 정기적인 업그레이드를 통해 늘 최신 성능이 탑재되어 있는 디지털 체중계를 사용한다는 만족감을 사용자에게 제공한다. 이것이 바로 제품에 연계된 Service이다. 디지털 체중계 자체가 가지고 있는 성능에 대한 만족감과 디지털 체중계를 통해 제공되는 서비스에 대한 만족감, 이 두 가지가 결합된 캐파비스의 정도가 결국 소비자의 주머니를 열게 만든다는 것이다. 또 한 가지 중요한 것은 이러한 캐파비스는 기존 소비자를 지속적으로 충성 고객군으로 유지시킬 수 있다는 장점이 있다. 가령 현재 사용 중인 디지털 체중계를 통해 나의 건강정보는 이미 제조사의 데이터베이스에 잘 보관되어 있으며, 데이터가 계속 축적될수록 더욱 나은 맞춤 건강서비스를 받을 수 있다. 따라서 제조사에 큰 문제가 발생되지 않는 한 해당 디지털 체중계를 다른 회사 제품으로 교체하는 일은 흔하지 않을 것이다. 즉, 캐파비스 수준은 소비자, 고객을 지속적으로 유지시킴으로 충성고객화 하는 핵심적 요소라는 것이다.

앞서도 언급했지만 캐파비스는 제품을 판매하는 개념이 아닌 기능과 서비스, 즉 소비자들이 요구하는 가치를 제공하는 개념으로 이해해야 한다. GE나 캐터필러와 같은 회사는 터빈 또는 건설기계 등을 판매가 아니라 기능을 임차해 주고 이 기능을 고객이 만족하게 사용할 수 있는 다양한 서비스를 제공함으로 수익을 창출하고 있다.

물건을 만들어서 팔고 이를 통해 수익을 만들어 내는 시대는 이제 서서히 막을 내리고 있다. 소비자들이 무엇을 원하고 있고 그들이 원하는 욕구가 무엇인지를 정확히 파악해야 한다. 소비자들은 소유를 중시하는 것이 아니라 경험을 중시하고 있고, 지속적인 관심과 서비스가 제공되기를 원하고 있다. 제품을 팔고 그 이후에 대해서는 관심을 갖지 않는 기업은 더는 존재할 수 없는 세상이다. 제품은 소비자와 기업을 연결해주는 매개의 역할이고 제품이나 서비스 자체가 더 이상 고객이 원하는 가치의 전부가 되지 못한다. 소비자가 원하는 가치의 개념인 캐파비스(Capavice)를 기업과 제품 관점에서 정의하고 이를 기반으로 좀 더 고객에 다가설 수 있는 시장 전략을 수립할 때이다.

새로운
소비문화에
주목하라

소유가 아닌 공유 기반의 소비패턴에 대응하라

4차 산업혁명
인사이트 **22**

공유경제라는 말은 이제 낯설지 않은 용어이다. 과거에도 공유경제의 개념은 존재했다. 농업경제 시대에는 필요한 농기구를 필요할 때 서로 빌려서 사용하기도 했고, 산업경제 시대에 있어서도 독점적인 OEM 생산이 아닌 경우에는 몇몇 기업들이 생산공장을 공유하면서 필요한 제품이나 상품을 생산하는 형태도 공유경제의 하나라고 이야기할 수 있을 것이다. 그런데 유독 최근 들어오면서 공유경제가 향후 경제 전반에 걸쳐 중요한 축으로 부상되는 이유가 무엇일까? 그리고 이러한 공유경제는 과연 경제 전반에 걸쳐 어떠한 영향을 미치게 될 것인가에 대해 생각해 보기로 한다.

공유경제가 최근 급부상하고 있는 부분에는 두 가지의 큰 원인이 있다. 첫 번째는 4차 산업혁명의 가장 큰 현상 중의 하나인 초연결 사회의 부상이다. 특히 사람과 사람 간의 연결은 사회 전반뿐 아니라 비즈니스 영역에서도 엄청난 변화를 야기하고 있다. 마케팅 편에서도 언급한 바와 같이 개개인 간 연결은 새롭고 대규모의 강력한 힘을 가진 그룹을 형성하였고, 이는 과거 기업이 절대적으로 우위를 점하고 있던 정보 비대칭성의 장벽을 일순간에 허물어 버림으로 소비자 그룹을 기업과 대응한 위치, 오히려 상위의 위치에 놓이게 하는 현상을 만들었다. 또한 이러한 그룹 내에서는 초기에 그룹을 형성했던 단순하고 제한적인 목적을 벗어나 좀 더 넓은 의미에서의 정보를 교환하고 이를 통해 다양한 이슈별로 새롭게 분화하여 새로운 그룹이 형성되는 경향도 상당수 일어났다. 그리고 이러한 정보의 교환은 실질적인 이해관계 관점을 하나의 거래로 발전하게 하고 이 거래는 플랫폼 비즈니스를 새롭게 부상시켰으며, 플랫폼 비즈니스를 통해 이해관계자들이 자유롭게 필요를 충족할 수 있는 거래가 이루어질 수 있는 환경이 IT 기술의 발전에 기반하여 급격히 성장하게 되었다. 이러한 현상을 공유경제를 부상시키는 하나의 축으로 생각할 수 있다. 두 번째로는 2010년을 전후해서 발생한 국제 금융위기는 전 세계적으로 소비를 위축시키는 계기를 가져오게 되었다. 그러나 높아진 생활 수준의 변화는 소비의 위축을 필요에 대한 욕구를 절제시키는 형태가 아니라 다른 방법으로 필요한 욕구를 충족시키는 방안으로 고민하게 만들었다. 자동차를 구입해서 실제로 시동을 걸고 주행을 하는 시간은 자신이 운수업에 종사하지 않는 이상 자동차를 소유하고 있는 시간의 4~7%에 불과하며, 나머지 93~96%는 그저 주차되어 있는 상태로 존재한다는 사실에 주목하기 시작했다. 또한 집에서도 약 50%의 가구들이 적어도 한 개 이상의 방이 비워진 채로 남아있다는 사실을 주목하기 시작했다. 자신이 소유하고 있는 소유품들이 상당한 시간 동안 유휴 상태로 방치하고 있는 사실을 주목하고 이 유휴 시간을 필요한 다른 사람에게 제공하는 형태의 거래를 생각하게 된 것이다. 결국 공유경제가 부상하게 된 두 번째 원인은 자신의 소유하고 있는 소유품들이 상당한 시간 동안 방치되어 있다는 사실을 깨닫게 되었다는 사실이다. 요약해 보면 공유경제는 4차 산업혁명 시대의 초연결 사회의 환경과 개개인의 소유품에 대한 한계성에 대한 자각적 인식이 결합되어 새로운 하나의 경제적 패러다임을 형성하게 되었다고 볼 수 있다.

공유경제라는 개념은 2008년 하버드대학교의 로런스 레식(Lawrence Lessig) 교수가 처음으로 사용하였다. 실제로 공유경제와 비슷한 형태는 예전부터 존재해 왔지만 실제로 명확하게 개념을 정리하게 된 것은 이제 10년 남짓한 기간밖에 지나지 않았다. 그러나 경제 전반에 걸쳐 공유경제 관점의 비즈니스의 비중은 갈수록 높아져 가고 있는 것이 현실이다. 전 세계 10억 달러 스타트업 기준 상위 13개 중 12개 기업이 공유경제와 관련된 비즈니스를 진행하고 있으며, 특히 중국에서는 약 6억 명의 인구들이 나눠 쓰기, 함께 사용하기 활동에 적극적으로 참여하고 있다고 한다. 영국의 경우는 1년 만에 공유경제의 규모가 두 배로 높아지고 있으며, 일본의 경우는 경제 성장의 한 축을 공유경제 관점의 시장 형성에 두고 있다고 한다. 우리나라의 경우도 공유경제가 최근 활성화되는 추세이다. 오피스를 공유해서 사용하고 있는 공유 오피스 시장이 이미 1조 규모까지 성장하였으며, 고가 고급 브랜드의 명품 의류나 잡화류를 공유하는 서비스도 시작되었다. 현재 추산되고 있는 전 세계의 공유시장의 규모는 약 200억 달러에 불과하지만 2020년에는 현재보다 약 두 배의 규모로 성장할 것으로 예측하고 있으며, 2030년에는 세계 경제에서 상당 규모로 공유시장의 비중이 형성될 것으로 예상하고 있다. 공유경제는 4차 산업혁명 시대의 소비 패턴을 보여주는 전형적인 예라고 할 수 있다. 과거의 소비 패턴이 소유를 통한 자기만족과 과시가 주를 이루는 형태였다면 현재의 소비 패턴은 자신이 필요할 때 그 필요를 충족시켜주는 부분에 가치를 두는 실용적 형태로 바뀌었다고 볼 수 있다. 따라서 과거의 소비는 패턴의 유형을 가지고 있다면, 현재의 소비는 하나의 문화 유형을 가지고 있다고 볼 수 있다. 이러한 새로운 소비 문화가 바로 공유경제라는 하나의 새로운 시장을 형성한 것이다.

그렇다면 공유경제에 기반한 공유시장은 향후 산업계 전반에 어떠한 영향을 미치게 될 것이며, 공유시장은 어떻게 진화해 나갈 것인가에 대해 생각해 보기로 한다.

일반적으로 생각해 볼 때 한 대의 자동차를 여러 사람들이 공동으로 소유해서 각자 필요시 사용하게 된다면… 이러한 공유경제의 개념이 자동차를 이용한 운송산업 전반에 보편화가 된다면… 자동차 산업은 과연 어떻게 될 것인가? 정확히 예측을 한 데이터는 아직 발표되고 있지는 않지만 전문적인 운수업에 종사하지 않는 경우에 자동차의 평균 가동률을 5%라고 가정하고 이러한 평균 가동률이 공유시장을 통해 4배인 20%로 올라간다고 가정하면 아무런 변수를 놓지 않고 단순 계산만으로 25%의 차량 판매가 감소된다는 결과가 나온다. 공유시장은 해당 시장 자체의 규모는 상당한 속도로 규모를 향상하여 가겠지만 관련 산업에 있어서는 판매 감소에 따른 생산량의 감축은 피할 수 없는 현상으로 다가올 수밖에 없다. 결국 공유경제의 규모가 커지면 커질수록 이와 관련된 산업들은 위축을 받을 수밖에 없으며 이러한 현상은 공유경제와 기존 산업에 기반을 두고 있는 시장경제 간에 대립적인 관계가 형성될 수밖에 없다. 또한 공유시장이 활성화될 경우 기업은 과연 누구를 대상으로 마케팅을 해야 하는지에 대한 딜레마에 빠지게 될 수 있다. 과거 소유 중심의 소비가 주류를 이루었던 시대에는 마케팅과 세일즈의 대상이 어느 정도 설정이 될 수 있었으며, 이를 바탕으로 마케팅이나 세일즈 전략을 수립할 수 있었다. 그러나 소유가 아닌 공유 중심의 시장에서는 과연 누가 우리 제품의 고객인지에 대한 명확한 정의를 내리기가 쉽지 않다. 따라서 공유경제 기반 아래서의 마케팅과 세일즈 측면에서도 기존의 방식과는 다른 형태의 접근이 필요할 것이다.

기업들이 공유경제에 대응하기 위해서 가장 주목해야 할 것은 바로 사용자들이 원하는 기능이다. 핸드폰의 경우 핸드폰이 가지고 있는 기능이 100이라고 할 때 실제로 90%의 사용자들이 사용하는 기능의 수는 20이 채 되지 않는다고 한다. 공유시장은 사용자들이 주로 사용하는 20에 의해서 형성된다. 20의 기능이 바로 핵심기능이다. 공유시장은 바로 핵심기능에 의해서 형성된다는 점을 주목해야 한다. 따라서 기업들은 부수적 기능보다는 핵심기능에 대한 고도화에 보다 집중하고 이를 고객 경험화 함으로 지속적인 시장을 창출할 수 있어야 한다. 이 부분 또한 기업들이 공유경제하에서 심도 있게 고민해야 할 중요한 부분이라고 할 수 있다.

　그렇다면 공유시장은 어떻게 앞으로 진화해 나갈 것인가에 대해 한번 생각해 보기로 하자. 공유시장이라고 하면 대표적으로 언급되는 기업이 바로 '에어비앤비'와 '우버'이다. 에어비앤비와 우버는 대표적인 공유 플랫폼 기업이라고 이야기하고 있다. 그리고 현재 공유시장을 이끌어가는 99.9%는 이러한 공유 플랫폼 기업을 중심으로 비즈니스가 진행되고 있다. 필자는 현재 공유시장은 완전한 의미의 공유시장이 형성되었다고 생각하지 않는다. 공유라는 본연의 의미는 이해 당사자 간에 필요한 것을 서로 나누는 의미이다. 그런데 현재의 공유시장은 플랫폼이라고 하는 중개자에 의해 이루어지는 것으로 볼 수 있다. 그리고 이러한 중개자 중심의 공유시장은 몇몇 문제를 일으키고 있다. 우선 에어비앤비의 경우에는 일부 임대사업자가 다량의 주택을 구매하고 이를 에어비앤비에 등록하여 전문적인 숙박업을 진행하고 있는 경우가 최근 상당수 발생하고 있다고 한다. 에어비앤비라고 하는 공유 플랫폼을 자신들의 비즈니스 마케팅 수단중 하나로 활용하고 있다는 의미이다. 이 것은 에어비앤비에서 추구하고자 하는 숙소의 공유를 통해 문화 체험 이라고 하는 기본적인 취지에서 어긋난 하나의 잘못된 예라고 할 수 있 다. 우버인 경우 차량을 공유하기 힘든 시간대에는 우버 택시의 사용 요금이 높게 형성되어 있는 제도를 이용하여 요금이 저렴한 시간에는 우버 콜에 임하지 않다가 높은 시간대에 집중적으로 우버 콜에 임하 는 차량 소유주가 점진적으로 늘어나고 있어 실제로 필요할 때 우버 택 시를 사용하지 못하는 경우가 최근 급증하고 있다고 한다. 이 또한 공 유시장의 관점이 아닌 기존의 운송 비즈니스 관점에서 우버를 이용하 고 있다고 생각할 수 있다. 공유시장이 중개 플랫폼 형태로 운영될 경 우에는 이러한 부작용 현상은 공유시장의 규모가 커질수록 더욱 심화 될 것으로 보이며, 이러한 현상은 공유시장의 존립 자체를 위협하게 될 수 있는 충분한 여지를 가지고 있다고 볼 수 있다. 공유시장, 즉 공유경 제가 정상적으로 활성화되기 위해서는 공유시장 본연의 목적과 취지에 맞는 거래 플랫폼이 만들어져야 한다. 수요자와 공급자, 즉 공유의 대 상들이 Peer To Peer 방식의 공유 거래가 이루어질 수 있어야 한다. 과 거에는 P2P 방식의 거래는 기술적이나 신뢰성 관점에서 많은 문제를 안 고 있어 상당한 한계를 안고 있었던 것이 사실이다. 그러나 최근 급부 상하고 있는 블록체인(Block Chain)은 이러한 기술적 한계를 극복할 수 있는 기회를 제공하고 있다(블록체인과 관련해서는 '신뢰의 시대가 온다.'라는 주 제로 별도로 언급하기로 한다). 블록체인으로 구현된 공유 플랫폼은 실제로 필요한 거래 당사자들이 직접적인 공유 거래를 시행하게 되며, 해당 거 래는 블록으로 저장되어 해당 공유 거래 플랫폼 내의 모든 회원에게 분산 저장됨으로 거래 당사자들의 신뢰성과 거래의 신뢰성을 확보할 수 있게 된다. 이러한 형태의 블록체인 기반 공유 거래 플랫폼이 공유시장의 주된 거래 형태가 되었을 때 진정한 공유경제가 정착되었다고 할 수 있을 것이다. 이미 우버나 에어비앤비에서도 블록체인을 활용한 공유 플랫폼 구현을 고민하고 있으며, 특히 우버의 경우에는 블록체인 스타트업 기업을 인수하여 이를 본격화하고 있는 중이다.

초연결 사회로 대변되는 4차 산업혁명 시대의 기술적 환경과 실용적 소비 사고 중심으로 변화하고 있는 소비자들의 소비 패턴은 공유라는 기존의 전통적인 인간의 정서적 관점의 작은 현상을 하나의 커다란 새로운 경제의 패러다임으로 변화시켰다. 공유경제의 개념은 아직 여러 부작용이 나타나고 있지만 향후 기술적 발전과 더불어 이러한 부작용을 개선함으로 진정한 의미의 공유경제의 모습으로 자리매김을 해나갈 것이다. 이러한 공유경제에 기업은 어떤 전략을 가지고 대응을 해야 할 것인지 신중한 고민이 필요할 때이다.

신뢰의 시대가 온다(1)

신뢰도 기술이다. 블록체인을 주목하라

4 차 산업혁명
인사이트 **22**

4차 산업혁명 시대는 데이터가 자원인 시대라고 할 수 있다. 20세기가 천연자원이 바탕이 되어 인류가 번영한 시기라고 한다면 21세기는 데이터라는 자원을 통해 인류가 비약적으로 도약하는 시대가 될 것이다. 천연자원은 한정되어 있어 시간이 지나면 고갈되어서 더는 우리에게 혜택을 주지 않을 것이다. 물론 최근 재생에너지(태양, 지열, 풍력, 조력 등)를 통해 이를 극복하려 많은 노력을 하고 있지만 땅속 깊은 곳에 매장되어 있는 천연자원은 머지않아 그 바닥을 드러낼 수밖에 없다. 반면 데이터라는 자원은 다르다. 데이터라는 자원은 무한대로 공급될 것이며, 데이터를 생산하고 이를 실용화하는 국가는 현재의 산유국과 같은 막대한 부를 축적할 것이고 산유국과는 달리 세계의 경제, 정치, 문화의 중심적인 역할을 하게 될 것이다. 이와 관련해서 앞서 데이터 자본주의라는 관점에서 언급한 바가 있다.

석유를 채굴하여 실제로 활용하기 위해서는 원유 상태에서 일련의 과정을 통해 휘발유, 경유, 등유, 중유와 같이 성분과 목적에 따라 제조가 이루어진다. 이러한 과정을 정제라고 한다. 엄청난 양의 데이터가 쏟아지고 있는 세상이다. 그렇다면 쏟아지는 모든 데이터를 과연 그대로 사용할 수 있는 것인가? 여기에는 두 가지 문제가 있다. 하나는 데이터의 유형과 관련된 문제이고, 또 하나는 데이터의 신뢰에 대한 문제이다. 데이터 유형이라는 부분은 생산된 데이터가 사용할 수 있는 형태화하는 것을 의미하며, 이는 빅데이터를 통해 해결해 가고 있다. 데이터 신뢰는 쏟아지는 데이터를 과연 믿고 사용할 수 있는지를 의미한다. 이번 인사이트는 이러한 신뢰라는 관점에서 생각해 보기로 한다.

믹서기 한 대가 있다. 믹서기의 궁극적인 기능은 과일이나 채소를 분쇄하고 갈아서 주스나 즙을 만드는 것이다. 기술이 발전하면서 여러 가지 부가적인 기능이 믹서기에 추가되지만 믹서기 본연의 기능은 주스나 즙을 만드는 것이다. 딸기 주스를 만들기 위해 딸기 열 개를 밭에서 따왔다고 하자. 딸기 열 개 중 아홉 개는 싱싱하게 잘 익은 반면 한 개는 크기도 보잘것없고 삼 분의 일 가량은 썩어 있다. 이 열 개의 딸기를 믹서기에 넣고 딸기 주스를 만들었을 때 열 개의 딸기 상태를 알지 못한 사람이라면 딸기 주스를 아무런 생각 없이 마셨을 것이고, 만약 딸기의 상태를 알고 있었던 사람이라면 아마 어느 누구도 이 딸기 주스를 마시지 않을 것이다. 만약 주스의 원재료인 딸기의 상태를 모르고 딸기 주스를 마신 후 건강에 이상이 생겼다고 가정을 해보자. 아마도 주스를 마신 당사자는 본인이 무엇 때문에 이렇게 이상이 왔는지에 대해 여러 가지 상황을 파악을 해 보겠지만 작은 딸기 한 개로 인해 문제가 되었다는 사실을 알아내기는 쉽지 않을 것이다. 상기의 내용은 필자가 데이터의 신뢰성을 강조할 때 가장 많이 언급하는 '믹서기 이론'이다. 여기서 딸기는 데이터를 의미한다. 믹서기는 데이터를 융합하여 정보를 만들어 내는 하나의 시스템으로 이해하면 될 듯하다. 일반적으로 단일 데이터가 의미를 제공하는 경우도 있지만 대부분은 유관 데이터들이 모여서 특정한 법칙에 의한 믹싱을 통해 필요한 정보를 만들어 낸다. 그리고 우리는 이를 활용하게 된다. 그러나 문제가 있는 데이터가 정상적인 데이터와 함께 믹싱 될 경우 우리는 그 정보를 정상적으로 활용할 수 있을까? 이렇게 제공된 정보들의 상태를 알고 있지 못한 채 활용하고 이를 통해 의사결정이 진행되었을 경우 어떤 상황이 나타나게 될 것인가? 아마도 데이터 분석 결과나 이를 통한 의사결정에 있어 적지 않는 문제점을 불러일으키게 될 것이다. 상상할 수 없을 정도의 속도와 물량으로 쏟아져 나오는 이러한 데이터들에 대해 하나하나 신뢰성을 검증한다는 것은 불가능한 일이다. 결론적으로 이야기하자면 데이터의 생산 단계에서 데이터의 신뢰성이 확보되어야 한다는 것이다. 4차 산업혁명을 기점으로 앞으로의 시대는 모든 것이 데이터와 이를 통해 만들어지는 다양한 정보에 의해 거래와 의사결정이 진행되는 사회가 될 것이다. 이미 그러한 사회가 상당 부분 도래해 있다. 따라서 데이터와 정보에 대한 신뢰가 확보되지 않으면 앞으로의 사회는 오히려 이전보다 더 극심한 혼란과 불신의 사회로 환원될 수 있는 위험성이 있다.

최근 블록체인이 주목을 받는 이유가 바로 여기에 있다. 컴퓨터의 등장과 함께 시작된 정보혁명은 PC의 등장으로 데이터와 정보가 본격적으로 생산되기 시작했다. 이 시기가 1980년대부터 1990년대에 이르는 시기라고 할 수 있다. 이 시기에 생산되는 정보의 양은 그다지 많지 않았기 때문에 개인의 PC에서 데이터를 생산하고 필요할 경우 디스크라는 저장 매체를 통해 물리적인 형태로 주고받는 정보 전달체계가 이루어졌다. 이 시기를 보통 '정보혁명 1.0' 시대라고 한다. 2000년대 들어오면서 본격적으로 인터넷이 상용화되면서 개인의 PC들이 연결되기 시작했다. 그리고 인터넷을 통해 정보를 주고받는 시기가 본격적으로 도래하면서 사회와 산업 전반에 엄청난 변화를 몰고 오기 시작했으며, 데이터와 정보들이 본격적으로 생산되기 시작했다. 이 시기를 '정보혁명 2.0' 시대라고 한다. 여러 유형으로 생산된 데이터양이 기하급수적으로 늘어나면서 제한적으로 활용되던 데이터의 분석이 빅데이터와 클라우드 기술의 발전으로 본격화되면서 데이터 분석을 통한 다양한 분야의 인사이트가 확대되어 가기 시작했다. 아울러 생산된 데이터의 유통 또한 매우 중요한 이슈가 되기 시작했다. 과거와는 달리 엄청난 양의 데이터가 실시간으로 유통되고 있으며, 매우 중요한 내용을 담은 데이터 또한 실시간으로 유통되고 있다. 이러한 데이터 유통 기술은 데이터 생산보다 더 큰 중요성으로 부각되고 있다. 그래서 많은 전문가들은 앞으로는 IT가 아닌 DT(Data Technology)가 주도하는 시대로 진입할 것으로 예측하고 있다. 그리고 그 시대는 이미 도래했다. 즉, DT가 주도하는 시대가 되었다는 것이다. 이러한 현재를 '정보혁명 3.0' 시대라고 명명하고 있다. 그런데 정보혁명 3.0의 시대에 있어서 한 가지 딜레마에 빠지게 된다. 바로 데이터의 신뢰성의 문제이다. 천문학적인 데이터의 생산과 유통이 이루어지고 있다. 다양한 경로를 통해 생산되고 유통되는 데이터는 일반적이고 소소한 내용이 담겨있기도 하지만 경우에 따라서는 개인의 중요한 금융 정보, 건강 정보 나아가서는 기업과 국가의 중요한 정보가 데이터에 담겨 있다. 그래서 최근 정보 보안이 이슈가 되고 있는 것도 바로 이러한 이유이다. 해킹 등을 통한 정보의 유출, 위·변조 등을 통한 사고 발생 등은 이제 매체 등을 통해 심심치 않게 접하는 소식이 되고 있다. 4차 산업혁명의 시대는 초연결의 시대이며, 그 연결은 바로 데이터, 정보에 의해 연결된다. 데이터나 정보의 신뢰가 무너지게 된다면 사회, 경제를 비롯한 정치 영역에 이르기까지 이에 대한 존속과 유지는 커다란 위협에 접하게 될 것을 앞서도 언급하였다. 블록체인을 '가트너'를 비롯한 여러 전문기관이 '미래를 바꿀 핵심기술'로 선정하였고, 국내에서도 주목해야 할 주요 IT 기술로 블록체인을 대표적으로 언급하고 있다. 그 이유는 앞서 언급한 데이터의 유통과 생산과정에 있어서 정보 자체의 신뢰성, 정보를 통한 연결의 신뢰성 그리고 나아가 거래의 신뢰를 확보하는 데 있어서 가장 근접된 기술로 평가받고 있기 때문이다.

일반적으로 블록체인을 매우 어려운 개념으로 생각하고 있다. 그 원인 중의 하나가 '비트코인'을 연관시켜 생각하고 있기 때문이다. 비트코인 관점에서의 채굴, 작업증명(PoW) 등 생소한 기술적 원리에 접근하면서 블록체인을 이해하려다 보니 이것이 블록체인을 어렵다고 느끼게 만드는 가장 주된 원인이 되고 있다. 블록체인은 신뢰할 수 있는 관계와 거래의 기술이다. 비트코인은 하나의 화폐로의 기능을 가지고 있으나 실체가 없고 인터넷상에 존재하는 하나의 파일이라고 볼 수 있다. 아날로그 세상에서도 화폐의 위·변조가 일어나듯이 인터넷상에서 통용되는 화폐 또한 위·변조가 발생할 수 있으며, 이는 오프라인상의 금융거래보다 더 큰 거래상의 문제를 야기할 수 있다. 따라서 비트코인과 같은 전자화된 암호화폐의 안전하고 신뢰 있는 유통을 목적으로 적용된 기술이 바로 블록체인이다. 즉, 특정 목적의 거래에 참여한 모든 참여자들이 신뢰할 수 있는 거래가 이루어질 수 있도록 적용되는 기술이 바로 블록체인인 것이다.

블록체인 기술을 깊이 있게 다루는 것은 이 글의 목적성과는 거리가 있다고 생각되므로 블록체인이 가지고 있는 속성을 기준으로 간략한 소개만 하기로 한다. 대부분의 거래는 거래 중개인을 통해 진행된다. 왜냐하면 거래의 신뢰를 확보하기 위해서이다. 대표적인 것이 금융거래이다. 금융거래는 은행을 포함한 공인된 금융기관을 통해 이루어지고 있다. 주택, 토지를 포함 자산에 대한 거래도 중개인이나 공인된 기관을 통해 이루어지고 있으며, 음원 등의 콘텐츠 또한 음원회사 등의 중개인을 통해 모든 거래가 이루어지고 있다. 이는 모든 거래에 대한 내용이나 정보를 해당 중개기관 또는 중개인이 DB에 보유하고 저장하고 있음을 의미하며, 만에 하나라도 이 중개 기관이 보유하고 있는 DB에 문제가 발생되면 예측하기 어려운 문제가 발생될 수 있는 여지가 늘 존재하고 있다. 블록체인의 거래 원칙은 P2P(Peer To Peer) 방식이다. 거래 당사자가 직접 거래를 하는 방식이다. 개인과 개인, 개인과 기관 또는 기관과 기관 등 거래 당사자가 직접 거래를 진행하는 방식이 블록체인의 가장 기본적인 원칙 중의 하나이다. 앞서 기존의 거래 정보는 대부분 중개 기관이 일괄적으로 보유하고 있다고 언급한 바 있다. 블록체인이 기반이 된 거래 플랫폼에서 이루어지는 모든 거래 정보는 거래 당사자가 각자 보유한다. 즉, 똑같은 내용의 거래 기록(원장)을 거래 당사자가 각각 보관한다는 의미이다. 그리고 이 거래 정보는 블록으로 저장되어 해당 거래 플랫폼의 이해관계자들에게 전달됨으로써 거래 정보에 대한 분산 저장이 완성된다. 이 부분이 블록체인의 가장 핵심 기술 중 하나인 분산 원장 기술이다. 그리고 생성된 거래 정보들의 집합체인 블록이 정상적으로 생성된 것인지, 그렇지 않은 지에 대해서는 해당 거래 플랫폼의 이해관계자들이 이를 승인할지를 합의하여 과반수 이상이 블록을 승인하게 되면 해당 블록이 정식 블록으로 체인에 결합을 하게 되는 데 이에 적용되는 기술을 합의의 기술이라고 한다. 블록체인에 대해 기술적으로 많은 이론이나 원리 등이 있지만 이를 모두 이해하기는 쉽지 않다. 따라서 블록체인의 기술은 P2P 기술, 분산 원장 기술 그리고 합의의 기술 등 세 가지 기술의 결합이라고 이해하면 블록체인을 이해하는 데 크게 어려움은 없을 것이다. 앞선 세 가지 기술을 접목한 거래는 기존 거래 방식에 비교해 크게 두 가지 차이점이 있다. 첫 번째는 블록체인의 기본은 P2P 방식이다. 즉, 중개자의 필요성이 없어진다는 의미이다. 이를 탈중앙화(Decentralization) 현상이라고 한다. 탈중앙화의 구조는 거래의 영역뿐 아니라 사회, 경제, 정치 전반에 걸쳐 엄청난 변화를 이끌어 올 수 있는 파급성을 가지고 있다. 두 번째는 모든 거래 정보가 분산되어 저장됨으로 인해 정보의 위·변조에 대한 위험성이 거의 제로에 가까워진다는 것이다. 블록체인으로 운영되는 거래의 거래 당사자들이 100명이라고 한다면 정보를 위·변조하기 위해서는 100명의 모든 정보를 위·변조를 해야 하며, 한 개인이 보유하고 있는 정보조차도 블록으로 연결되어 있으므로 하나의 블록 내 정보를 변경하기 위해서는 앞뒤 블록의 연계 정보 또한 위·변조를 진행해야 한다. 따라서 사실상 블록체인상의 정보의 위·변조는 불가능하다. 탈중앙화 방식의 거래 구조와 위·변조의 위험성이 '0'라는 특성은 기존 거래 방식이 가지고 있는 거래 비용의 증가와 정보 보안상의 문제점들을 거의 완벽하게 해결할 수 있다는 것이 블록체인이 기존 거래 방식에 비해 가장 큰 장점이라고 할 수 있다.

블록체인은 현재 3단계로 구분하여 언급하고 있다. 블록체인 1.0은 비트코인 등 전자 암호화 화폐의 거래를 안전하고 안정적으로 진행할 수 있는 환경을 제공하는데 가장 큰 목적을 두고 있다. 블록체인 2.0의 핵심은 스마트 컨트랙트의 등장이다. 스마트 컨트랙트는 블록체인 플랫폼상에서 발생되는 거래에서 특정 거래 조건이 만족된다면 자연스럽게 계약서에 명시된 거래 내용이 자동적으로 실행되도록 만든 기술이다. 이러한 스마트 컨트랙트 기술은 블록체인을 단순한 전자화폐의 거래범위를 뛰어넘게 만드는 계기가 되었다고 할 수 있다. 블록체인 3.0에 대해서는 다소 의견이 분분하기도 하지만 필자는 모든 산업 및 사회, 정치 전반에 블록체인이 본격적으로 적용되는 것으로 의미하고자한다. 4차 산업혁명 시대는 블록체인 3.0의 시대와 맞물려 신뢰 기반의 이전과는 다른 산업, 사회 및 정치환경을 만들게 될 것이다.

블록체인 기술이 상용화되고 보편화되기에는 기술적인 보완과 사회적 합의 등 일정 부분 해결해야 할 사안들이 적지 않다. 그러나 이것은 시간의 문제이지 블록체인 우리의 경제, 사회, 정치 그리고 우리 개인의 삶에 커다란 변화의 축이 될 것이라는 것은 이미 정해진 사실이라 해도 무방할 것이다. 우리는 이것을 어떻게 받아들이고 적용할 것인가에 주목해야 한다.

신뢰의 시대가 온다(2)

블록체인에 기반한 경제적, 사회적 구조의 변화에 대응하라

4차 산업혁명
인사이트 **22**

신뢰는 사회를 이루는 가장 기본적인 요소이다. 나아가 국가를 지탱하는 핵심적인 요소이기도 하다. 특히 화폐는 국가 권위의 상징이기도 하지만 국가와 국민 간의 가장 기본적인 신뢰의 표식이라고 할 수 있다. 일반적으로 국가가 위기에 직면할 때 나타나는 가장 큰 현상 중 하나가 화폐가치의 하락이다. 국가가 보증하는 화폐에 대한 신뢰 하락은 결국 국가의 존망에 있어 결정적인 역할을 하고 있다는 것을 우리는 여러 사례를 통해 알 수 있다. 경제는 거래의 신뢰에서 시작된다. 거래의 신뢰를 통해 재화가 유통되고 이와 연계된 현금의 흐름이 발생되는 것이다. 여러 가지 이유로 인해 거래에 대한 신뢰가 형성되지 못한다면 현물과 현금의 흐름의 규모는 작아질 수밖에 없을 것이며, 이는 결국 경기 침체로 이어져 경제적 위기를 초래하게 될 것이다. 기업도 마찬가지이다. 기업도 고객에 대한 신뢰를 잃게 된다면 존속 자체가 어려워진다. 최근과 같이 소셜 네트워크가 일상화된 사회에서는 더욱 고객에 대한 신뢰, 나아가 사회에 대한 기업의 신뢰는 매우 중요한 경영관리의 요소가 되고 있다. 이 부분은 '필립 코틀러' 교수의 마켓 3.0의 기업가치에 기반한 시장 대응의 논리와 일맥상통한다고 볼 수 있다.

그렇다면 신뢰란 무엇으로부터 시작하는가? 크게 두 가지로 생각할 수 있다. 첫 번째는 명확한 신원의 증명이다. 신원이 불분명할 경우 누가 그 사람과 거래를 하려고 하겠는가? 객관적이고 투명한 형태로 신원이 증명된 사람과 거래를 하려고 하는 것은 지극히 당연한 상식이다. 두 번째는 의사결정을 할 수 있는 정확한 정보이다. 모든 거래는 결론적으로 거래 당사자인 개인의 의사결정을 통한 합의라고 할 수 있다.

따라서 의사결정을 위해 제공되는 정보의 정확성은 신뢰를 형성하는 중요한 요소이다. 정보기술의 발달로 인해 신원증명과 필요한 정보를 제공받는 부분들은 이제 대부분 정보시스템을 통해 이루어지고 있다. 또한 상당수의 거래는 이제 인터넷을 통해 이루어지고 있다. 이러한 환경의 도래는 여러 측면에 있어서 긍정적인 효과를 가져왔지만, 이에 못지않은 부정적인 문제들도 확대되어가고 있다. 신원 조작, 신원 도용 등의 문제들이 인터넷상에서 비일비재하게 일어나고 있으며, 의사결정에 필요한 정보들을 어디까지 믿어야 할지에 대해서도 의구심을 가질 수밖에 없는 것이 정보화 시대의 중요한 이슈가 되어가고 있다. 특히 4차 산업혁명 시대의 초연결 사회에 있어 신뢰가 형성되지 못한 초연결은 큰 리스크에 노출되어 있다고 해도 과언이 아니다. 이러한 문제들이 해결되지 않으면 초연결 사회는 일정 시간이 지나면 다시 단절이 일어날 수 있는 가능성을 충분히 내포하고 있다. 이러한 문제를 해결하지 않으면 4차 산업혁명에서 추구하고 있는 초연결, 융합을 통한 가치를 창출하는 시대의 도래는 극히 제한적일 수밖에 없을 것이다. 최근 블록체인이 주목받고 있는 가장 큰 이유가 바로 이 때문이다. 필자는 앞서도 언급한 바와 같이 여기서 블록체인의 기술적 측면을 논하고자 하는 것이 아니다. 왜 블록체인이 주목을 받고 있으며, 블록체인을 통해 어떻게 신뢰 사회가 구현될 수 있는지에 대한 팁을 함께 나누고자 하는 것이다.

블록체인이 주목받고 있는 이유 중의 하나는 디지털 사회가 도래하면서 개발되고 있는 많은 IT 기술은 사람들에게 편리함을 주고 있지만 한편으로는 인간이 가지고 있는 본연의 가치인 존재성을 사라지게 하

고 있다. 앞으로의 세상은 정보를 가진 자가 모든 것을 지배하는 세상
이 될 것이라고 한다. 생산되는 모든 정보들이 특정한 곳에 집중된다면
결국은 사람들은 기존의 물리적 차원의 국가 통제뿐 아니라 정보에 기
반한 사이버 국가의 통제 속에 놓이게 될 것이다. 이미 우리는 우리가
알게 모르게 페이스북, 구글 등의 영향권에 들어와 생활 속에서 그들의
영향을 받고 있다는 것이 이를 증명한다. 이러한 양면적 통제 속에서
사람들이 자신의 목소리를 내며, 자신의 가치 있는 삶을 살아갈 수 있
도록 만드는 기술이 바로 블록체인이다. 하나의 예를 들어보자. 개인에
대한 의료 정보는 개인의 것이다. 나의 검진 기록, 치료 기록 등 나와 관
련된 모든 의료 기록은 분명 내가 비용을 지불하고 치료를 받거나 검진
을 받은 것을 통해 만들어진 정보인데, 그 정보는 내가 소유하고 있지
않으며, 내가 마음대로 활용하지도 못하고 있다. 내가 가지고 있지 못
한 나의 건강기록정보를 건강보험 공단이나 병원 등에서 보관하고 있
으면서, 이 정보를 가지고 국가 의료산업 발전을 위해 데이터를 사용
을 해야 하느니, 개인정보보호 차원에서 안 되느니 논쟁을 진행하고 있
다. 참으로 아이러니하지 않은가? 당사자들의 의견과는 전혀 관계없이
말이다. 블록체인이 의료 영역에 도입이 되면 모든 개인 의료기록은 개
인이 소유할 수 있으며, 나의 판단하에 내 의료기록정보를 필요한 곳에
제공할 수도 있고 경우에 따라서는 블록체인 기반의 의료기록정보의
플랫폼에 의료정보를 제공하고 전자 코인 형태의 보상을 받을 수도 있
다. 물론 나의 의료정보기록은 블록체인 플랫폼에서 거의 완벽하게 보
안이 유지되고 활용될 수 있음을 전제로 한다. 이렇듯 블록체인은 정보
의 생산자가 소유권을 가지고 이를 활용할 수 있는 환경을 제공해 줌으

로써 사이버 통제의 틀뿐만 아니라 국가 통제권에서도 상당 부분 자유로워질 수 있는 환경을 마련해 준다. 그래서 블록체인을 진정한 민주주의 기반을 만들 수 있는 시스템이란 이야기를 한다.

또한 블록체인은 사회와 경제의 투명성에 있어서도 건전한 발전을 도모해 줄 수 있다. 매스컴을 통해 듣게 되는 여러 부정부패, 불공정 거래 등 우리의 눈살을 찌푸리게 만드는 많은 사회적, 경제적 모순, 특히 약자가 일방적으로 당할 수밖에 없는 사회와 경제 시스템에 있어서도 상당한 보완을 기대할 수 있도록 만들어 준다. 앞 장에서 언급한 블록체인 3.0의 시대는 바로 이러한 부분이 실현되는 시대라고 필자는 생각한다. 블록체인 2.0이 경제적인 영역에 대한 새로운 신뢰를 만들어가는 체계라고 하면 블록체인 3.0은 신뢰의 정치와 사회를 만드는 체계라고 정의를 내리고 싶다(물론 필자보다 월등한 지식과 견해를 가진 분들은 다르게 생각하겠지만…).

아직 블록체인이 경제, 사회, 정치 전반에 걸쳐 제대로 적용되기에는 많은 기술적 발전과 더불어 블록체인에 대한 대중적인 인식과 이해가 뒤따라야 한다. 그러나 필자는 이러한 변화의 시점이 머지않은 장래에 도래할 것이라고 생각한다. PC가 대중화되기까지는 불과 20년이 채 걸리지 않았고, 인터넷이 대중화되어 사용되기까지는 10년이 채 걸리지 않았다고 한다. 스마트폰은 불과 5년 이내 대중화가 되었듯이 대중화 관점의 기술은 발전의 속도가 다른 기술의 전파 속도에 비해 월등하다. 블록체인 기술도 대중화 기술이다. 따라서 필자는 2020년이 되면 상당 부분의 거래와 시스템 운영 체계에 블록체인이 적용될 것이라고 생각한다. '가트너'에서는 2027년이 되면 세계 경제의 10%가 블록체인 기반으로 거래가 될 것이라는 전망을 내놓고 있다. 2018년 이후부터는 블록체인이란 용어를 다양한 분야에서 상당히 자주, 그리고 많이 접하고 있다. 그리고 앞으로 이를 통해 많은 경험을 하게 될 것이라고 확신한다. 이미 국내에서는 경기도에서는 각종 시민 아이디어 공모전에 블록체인을 통한 투표를 진행하는 등 전담조직을 만들어 이를 다방면에 걸쳐 활용하기 위해 노력하고 있으며, 서울시의 경우는 블록체인을 통해 청년수당 운영과 중고차 거래에 블록체인 기반 운영 시스템을 도입하는 등 다양한 시도를 많은 기관들이 진행하고 있다. 그러나 영국, 미국, 에스토니아, 아랍에미리트 등에서는 이미 사회, 정치, 경제 전반에 이를 블록체인 도입을 위해 정책을 수립하고 프로젝트를 시행하고 있으며, 중국은 블록체인 굴기를 선언하면서 블록체인 기반의 스마트시티 건설 프로젝트를 진행하고 있다. 우리나라는 아직 이들 국가에 비하면 이제 막 담 너머 고개를 기웃거리는 수준이라고 보면 될 듯하다.

블록체인과 관련된 주요 사례는 아직 발표된 것이 거의 없다. 그 이유는 블록체인이 관심을 받기 시작한 시점은 2013년과 2014년을 전후해서이며, 블록체인의 굵직한 프로젝트는 대부분 2016년과 2017년에 스타트가 되었다. 따라서 블록체인 기반의 경제, 사회에 대한 실질적인 성과는 2020년부터 본격적으로 소개될 것으로 생각된다. 블록체인이 우리가 인식하지 못하는 사이에 우리의 삶과 생활 속에 자연스럽게 스며들게 될 시간이 얼마 남지 않았다. 그리고 서로가 서로를 믿지 못하고 불신이 기반이 된 세상이 블록체인이란 기술을 통해 신뢰의 시대로 변화하게 될 시점이 점점 우리에게 다가오고 있다.

디지로그 시대가 온다

디지털과 아날로그의 관계를 재정립하라

4차 산업혁명
인사이트 **22**

4차 산업혁명을 한마디로 정의하면 디지털 세상의 도래라고 할 수 있다. 디지털 세상은 그동안 우리가 상상 속에서만 가능했던 것을 온라인이라고 하는 새로운 무대를 통해 경험할 수 있게끔 해 주었다. 오프라인 속 물리적 공간에서 제한적이었던 한정적 경험의 경계선은 온라인이라는 사이버 공간 속에서 그 한정성을 무너뜨리고 이전에 경험해 보지 못한 새로운 세계로 사람들을 경험하게끔 만들고 있다. 이러한 디지털에 기반한 대중들의 경험은 비즈니스의 주체인 기업의 운영방식에도 큰 변화를 불러일으키고 있다. 기업들은 좀 더 많은 대중들과 접함으로써 그들의 생각과 요구를 취합하고 이를 기반으로 새로운 가치를 만들어 내어 대중에게 제공해 그들의 비즈니스의 영역을 공고히 함과 동시에, 새로운 시장으로의 확대를 위한 끊임없는 시도를 하고 있다. 이러한 시도의 가장 핵심인 바로 디지털 트랜스포메이션이다. 앞선 인사이트에서도 디지털 트랜스포메이션에 대해서도 함께 생각해 본 적이 있지만 다시 한번 간략하게 디지털 트랜스포메이션에 대해 정리해 본다. 디지털 트랜스포메이션에 대해서는 많은 정의가 있지만 필자는 '모든 경영활동(과정, 결과)이 데이터로 표현될 수 있도록 만드는 것'으로 디지털 트랜스포메이션을 정의했다. 4차 산업혁명 시대를 대표하는 또 다른 표현은 '데이터 경영의 시대'이다. 모든 것은 데이터로 표현되고, 저장되며, 분석하여 활용하게 된다. 그리고 이 모든 과정은 인간의 능력이 아닌 디지털 기술에 의해 진행된다. 이러한 구조를 만들어 내는 전략이 바로 '디지털 트랜스포메이션'이라는 것이다. 다시 말하자면 아날로그 환경 하에서 진행되는 모든 활동을 데이터화하고 이를 온라인 환경으로 구현함으로 인사이트를 얻는 것이라고 할 수 있다. 디지털 트랜스포메이션의 가장 큰 핵심은 바로 Datafication(데이터화)하는 것으로 정의할 수 있다.

여기서 우리는 '사람에게 있어서 만족감은 과연 어디서 오는가?'란 부분을 곰곰이 생각해 볼 필요가 있다. 내가 원하고 내게 적합한 음식을 나의 건강과 기호를 기반으로 내가 생활하는 모든 활동의 데이터화를 통해 분석하고 추천을 받을 수는 있지만 결국 음식이라고 하는 실물을 제공받고 이를 맛있게 먹을 때 만족감을 얻게 된다. 즉, 식욕에 대한 만족감은 디지털화된 데이터나 정보로부터 오는 것이 아니라는 것이다. 최근 정서적 만족감의 비중이 사람들에게 커지고 있는 것은 사실이지만 궁극적 사람들은 오감에서 가장 원초적인 만족감을 얻게 된다. 디지털 기술의 상당 부분은 사람들의 오감에 대한 좀 더 높은 만족감을 부여하기 위해 활용되고 있다는 것은 부인할 수 없는 사실이다. 4차 산업혁명 시대의 핵심 키워드라고 할 수 있는 '맞춤형 서비스'가 가장 대표적인 것이라고 할 수 있다. 많은 기업들이 엄청난 양의 데이터를 모으고 이를 분석한 결과는 소비자들의 요구와 기호에 맞는 제품과 서비스로 정형화된다. 그리고 이러한 제품과 서비스를 통해 소비자들은 만족감을 얻게 되는 것이다. "4차 산업혁명 시대의 도래, 디지털 시대의 도래는 아날로그 시대의 종말을 의미한다."라고 주장하는 사람들이 적지 않다. 디지털 기술은 아날로그를 대체할 것이라는 주장에 대해 필자의 견해로는 절대 동의할 수 없다. 디지털과 아날로그는 상호보완적 관계이지 하나의 발전이 다른 하나의 종말을 의미하는 대체의 관계로 볼 수 없다는 것이다. 오히려 디지털의 발전은 점진적으로 아날로그로의 회귀를 촉진하기도 한다. 가령 전자책이 소개되었을 때 상당수 사람들은 종이책이 조만간 종말을 맞이할 것이라고 예견했다. 물론 전자책의 출시가 종이책의 상당한 위축을 가져온 것만은 틀림없다. 그러나 전자책을 통해 독서를 경험한 상당수 사람들이 다시 종이책으로 회귀하는 현상이 급격히 일어나고 있다. 최근 대형서점의 매출이 점진적으로 회복되어가고 있는 추세이다. 온라인 서점의 상징인 아마존은 최근 오프라인 서점을 뉴욕 맨해튼에 오픈하기도 했다. 이것이 의미하는 것은 무엇인가? 특히 아마존이 오프라인 서점을 뉴욕 중심가에 오픈했다는 것은 매우 의미심장한 일이다. 디지털 음원의 보급과 확대는 LP 레코드 시장의 몰락을 가져왔다. LP 시장은 극히 소수의 올드 마니아 계층을 중심으로 명맥만 유지되어 왔다. 그런데 최근 LP 시장이 급속도로 다시 부상하는 현상이 벌어지고 있다. 그것도 올드한 7080 세대가 아닌 밀레니얼 세대를 중심으로 말이다. 이러한 현상은 무엇을 의미하는가? 디지털 기술은 시공간의 한계를 뛰어넘는 편의성을 제공해 준다. 분명 강점이다. 그러나 사람들의 오감을 만족시키는 즐거움을 주기에는 한계가 있다는 것이다. 사람들이 서점을 찾는 이유는 서점에서 책을 고르며, 여러 책을 볼 수 있는 즐거움을 느끼기 위함이다. 사람들이 종이책을 찾는 이유는 책장을 넘기는 느낌과 책을 덮고 펼칠 때 오는 감각을 느끼고 즐기기 위함이다. 전자책이 책장을 넘기는 효과음을 삽입하여 종이책의 감각을 독자들이 느낄 수 있도록 기능을 보완하고 있지만 종이책이 주는 아날로그적 경험을 대체하기에는 한계가 있다. LP 레코드 매장에서 LP 레코드를 하나하나 꺼내서 고르는 느낌을 밀레니얼 세대들이 느끼기 시작했다. 그리고 LP 레코드 진열대에서 다양한 LP 레코드 속에서 내가 원하는 음악을 찾는 즐거운 체험의 가치를 밀레니얼 세대들이 알아가기 시작한 것이다. 음악을 재생하기 위해서 디지털 음원을 통해 음악을 듣는 것이 비해 상당한 번거로움이 있지만 이를 감안하고서라도 턴테이블을 통해 LP를 재생하고 아날로그 잡음이 포함된 음악에 대해 새로운 즐거움을 느끼게 됨으로써 LP 레코드는 밀레니얼 세대들이 이전에 느껴 보지 못한 오감의 즐거움을 제공해 주는 매체로 그 가치를 부여받게 된 것이다.

이렇듯 디지털 기술의 발전이 아날로그를 대체하게 된다는 것은 잘못된 생각이다. 이민화 창조경제연구회 이사장은 "디지털 기술은 아날로그 기술과 결합될 때 가치가 발한다."라고 강조하고 있다. 전적으로 공감되는 이야기이다. 몰스킨은 대표적인 메모장 제조업체이다. 오랜 전통을 기반으로 명품 메모장으로 각광을 받아오던 몰스킨은 스마트폰 등의 디지털 기기의 발전으로 인해 쇠락 국면으로 접어들어 존폐 위기에 몰리기도 했다. 그러나 사람들의 키보드를 두드리는 손끝의 감각은 펜을 통해 전해지는 쓰는 즐거움의 욕구를 다시금 불러일으키기 시작했다. 그리고 몰스킨은 이 욕구를 포착했다. 이는 스마트 펜과 메모장을 연계함과 동시에 에버노트와 같은 디지털 메모 앱 등과의 연계를 통해 쓰는 즐거움과 디지털 기능을 연계하는 융합된 가치를 만들어냈다. 몰스킨은 이를 통해 디지털과 아날로그가 융합된 대표적인 기업으로 메모가 아닌 기록 시스템으로의 선도적인 위치로 자리매김을 하게 되었다. 몰스킨의 이러한 비즈니스 모델이야말로 디지털과 아날로그의 융합인 디지로그(DigiLog)의 대표적인 사례라고 할 수 있을 것이다.

디지털 시대의 도래는 아날로그 시대의 종말을 의미하는 것이 아니다. 디지털 시대의 도래는 아날로그 시대에 대한 새로운 정의를 부여하게 되는 것이며, 이는 디지털과 아날로그의 상호 보완적 관계가 이전보다 더 돈독하게 형성되고 있음을 의미하는 것이다. 디지털 기술이 발전하고 이를 기반으로 하는 서비스가 강화될수록 사람들의 아날로그적 감수성에 대한 욕구는 더욱 높아질 수 있는 여지가 발생될 것이다. 이를 주시하고 대응하는 기업들이야말로 새로운 비즈니스 기회를 찾게 될 것이다.

4차 산업혁명 시대, HR전략

4차 산업혁명 시대… 인재의 확보와 육성전략은?

4차 산업혁명
인사이트 **22**

1차 산업혁명의 시대에는 농업, 어업 등에 종사하는 인력들이 공업을 기반으로 하는 도시로의 이동을 통해 일정 규모를 갖춘 공장에서 작업을 수행하게 되었다. 이때의 작업 수준은 전문성에 기반을 둔 것이 아닌 단순한 육체적인 노동에 근간한 형태로 역량 강화를 위한 교육이라고 하는 특별한 절차가 그다지 필요하지 않은 상황이었다. 필요에 따라 매번 수행하는 일의 형태가 바뀌는 경우가 허다한 상황이었기 때문이다. 2차 산업혁명 시대가 도래하면서 기업들은 본격적인 생산성에 대한 관심을 갖게 되었으며, 생산 방식에 대한 많은 고민과 시도를 하기 시작한다. 특히 산업사회 전반에 본격적으로 전기가 공급되고 생산 현장에 컨베이어 시스템의 도입은 '테일러의 과학적 관리 기법'을 탄생시켰다. 과학적 관리기법의 핵심은 바로 분업화이다. 분업화는 작업자들에 대한 단순 노동이 아닌 숙련된 기능을 요구하게 되었다. 해당 작업에 숙련되지 못한 작업자는 전체 작업 흐름에 있어 생산성에 치명적인 영향을 미치게 되기 때문이었다. 따라서 기업들은 작업자들에게 숙련된 기능을 확보시키기 위한 교육의 필요성을 인지하게 되었다. 사실 이는 교육보다는 훈련에 가깝다고 할 수 있었다. 이와 같이 2차 산업혁명 시대는 노동 인력이 산업 간 이동 현상이 나타나게 되는 것이 아니라 기존의 인력들에 대한 교육/훈련 등을 통해 이를 재배치하는 형태의 인력 육성 방향이 주된 현상이었다. 3차 산업혁명 시대에 접어들면서 IT 기술이 산업 전반에 급격히 확산되기 시작했다. 그리고 기업의 경쟁력 관점에서 IT 기술은 기업의 핵심 역량으로 자리 잡게 되었다. 그러나 IT 기술을 보유하고 있는 인력들을 확보하는 것은 이전 시대와 같은 방법으로는 한계가 있었다. 따라서 이에 대한 인력 확보는 대학 및 전문

기관에서 IT 기술자를 육성하여 산업계에 공급하는 형태로 그 수요를 충족시키게 되었다. 정리해보자면 산업혁명별로 산업계에서 인력에 대한 확보 방안은 1차 산업혁명 시대는 산업 간의 이동으로, 2차 산업혁명 시대는 인력들의 숙련화에 기반을 둔 기본적인 교육과 훈련으로 필요 인력을 확보하였으며, 3차 산업혁명 시대는 사회적 시스템(교육)을 통해 인력이 산업계에 공급되는 형태로 산업계에 필요한 인력을 확보하는 방향으로 발전해 왔다. 여기서 한 번 생각해 보고자 하는 것은 확보된 인력들에 대한 기업의 요구 사항이다. 1차 산업혁명 시대는 단순한 노동력을 제공받기를 원하는 것에 불과했고, 당시에는 풍부한 노동 자원이 공급되고 있었기 때문에 기업은 기업이 원하는 인재상이라는 부분에 대해 크게 관심을 두지 않았다. 2차 산업혁명 시대에는 생산성, 원가, 품질에 대한 기업의 관심도가 점진적으로 높아지면서 작업에 대한 숙련된 기능뿐 아니라 자신의 업무를 개선할 수 있는 자세와 역량까지 요구하게 되었다. 따라서 현장의 문제를 인지하고 이를 개선할 수 있는 능력 확보를 위한 교육/훈련 프로그램이 본격적으로 도입되었고, 이를 통해 기업이 원하는 인재상을 추구해 나가게 되었다. 3차 산업혁명 시대부터는 IT 기술이 도입되면서 기업에서 필요로 하는 인력을 기업이 자체적으로 육성하여 수요를 충족해 나가는 데 있어서 양적으로 질적으로 한계에 부딪히게 된다. 이러한 현상은 교육 시스템 및 콘텐츠의 발전으로 연계되며 사회적 교육 프로그램에 의해 기업에서 필요로 하는 역량을 교육받은 인력들이 시장에 공급되고 이를 기업들이 수용하는 형태의 인력의 수요, 공급시스템이 정착되었으며, 이러한 시스템은 현재까지 큰 변화 없이 지속되고 있다.

이렇듯 1, 2, 3차 산업혁명 시대를 통해 기업의 HR 전략은 이동, 육성, 공급 등 산업구조의 변화에 따라 인적 자원도 변화 기조에 맞춰 수립되어 운영됐다. 그러나 4차 산업혁명 시대는 인적 자원이 중심이 되었던 노동시장에 이전과는 차원이 다른 변화를 가져왔다. 바로 '대체의 시대'가 도래한 것이다. 이동, 육성, 공급의 주체와 대상은 바로 사람이다. 그러나 현재 도래하고 있는 시대에는 산업사회에 주체가 되어왔던 사람에 대한 대체가 일어난다는 것이다. 4차 산업혁명 시대가 도래하면서 인공지능을 필두로 하는 최첨단 IT 기술은 그동안 사람들이 수행해 왔던 상당 부분의 업무를 기계로 대체할 수 있는 기반을 만들어 냈으며, 점진적으로 사람의 일을 대체해 나가고 있다. 이것은 앞으로 일어날 일이 아닌 현실이 되고 있다. 그것도 급격한 속도로 이루어지고 있다. 4차 산업혁명 시대가 우리에게 새로운 미래를 열어주는 기회이기도 하지만 우리에게 가장 큰 위협으로 다가오고 있는 현실이기도 하다. 많은 학자들은 4차 산업혁명으로 인해 많은 일자리가 사라지는 것은 엄연한 사실이지만 과거에도 그랬듯이 새로운 일자리가 생겨나면서 이러한 우려를 씻어낼 것이라는 이야기를 하고 있다. 혹자는 일자리 총량의 법칙이란 이론을 내세우면서 사라지는 것만큼 일자리는 새로운 분야에서 새롭게 생성될 것이라고 주장하고 있다. 그러나 필자는 생각이 전혀 다르다. 과거의 이동, 육성, 공급은 주체가 사람이었다. 사람을 중심으로 이루어졌다. 그러나 4차 산업혁명 시대는 대체다. 주체가 바뀐다는 의미이다. 과거의 전례를 보아 장밋빛 전망을 내놓을 것이 아니라는 것이다. 과거에 비해 4차 산업혁명은 '일자리'라는 주제로 엄청나게 많은 이론과 주장들이 난무하고 있다. 이것이 4차 산업혁명 시대에 있어 '사람'의 포지셔닝이 민감하다는 증거가 아니겠는가? 이러한 환경 속에서 기업은 어떠한 HR 전략을 수립해야 하는가? 기업에서는 앞으로 어떠한 방향성을 가지고 인력을 확보하고 육성해야 하는가? 기업들은 이 부분에 있어 심각하게 고민을 해야 한다.

우선 앞으로 기업의 모습을 상상해 보자. 초연결 사회는 기업에서 실무자들이 업무를 수행함에 시, 공간의 한계를 무색하게 만들어 버릴 것이다. '테일러 피어슨'은 그의 저서 『직업의 종말』(4차 산업혁명 시대의 HR 측면에 관심이 있다면 반드시 일독을 추천함)에서 '마이크로 멀티내셔널'이란 개념을 언급하고 있다. 마이크로 멀티내셔널이란 적은 인원이라도 전 세계 어디서든 한 사무실에서 업무를 진행하듯이 업무를 수행할 수 있다는 의미이다. 이전에 구축해 놓은 비즈니스 인프라의 유효성은 한계에 직면할 것이란 의미이다. 지금까지의 비즈니스 인프라는 좀 더 폭넓은 네트워크를 기반으로 비즈니스를 전개할 수 있는 범위 관점이었다면 향후의 비즈니스 인프라의 핵심은 스피드 중심의 인프라를 누가 더 확보하고 있느냐가 될 것이다. 또한 최근 많이 언급되고 있는 '긱 이코노미(Gig Economy)'는 필요한 경우에만 사용자와 근로자 간에 계약을 통해 일을 진행하게 되는 형태로 향후 고용시장의 주된 형태가 될 것으로 많은 경제학자들이 예상하고 있다. 이러한 '긱 이코노미 경제'의 인력 운영은 현재의 고용시장에서 문제 시 되는 계약직과 임시직의 개념과는 차원이 다르다. 현재 임시직 고용에 대한 절대적인 힘은 고용자에게 속해져 있다고 하면 긱 이코노믹 기반에서의 고용은 고용자의 개념이 아닌 사용자와 제공자의 개념으로 균형적인 관계에 기반하여 운영될 것이다. 단, 현재의 임시직들이 수행하는 단순하고 반복적인 형태의 업무는 기계로 대체될 것이며, 전문성에 기반한 영역에 한하여 긱 이코노미 형태의 근로 형태가 이루어질 것으로 예상할 수 있다.

이러한 기업의 모습들이 의미하는 것은 과연 무엇일까? 지금까지는 기업이 얼마나 좋은 인재를 확보하고 이를 육성하느냐가 기업 성공의 핵심이었다. 물론 지금도 그 가치가 바뀌는 것은 아니다. 다만 사람 중심 비즈니스 인프라의 개념 자체가 바뀌어야 한다는 것이다. 앞서 언급한 내용을 기반으로 생각해 볼 때 기존의 고용 형태는 근본적인 변화가 불가피해질 것이다. 좋은 인력을 채용하고 이를 육성하여 회사에 기여할 수 있는 인재로 키워간다는 기존의 HR 전략은 이전과는 다른 차원으로 변화하는 환경 변화를 감안할 때 근본적인 재검토가 필요하다는 의미이다. 4차 산업혁명은 초연결의 비즈니스 인프라 시대이며, 상상을 초월하는 속도 경쟁의 시대이다. 이것은 무엇을 의미하는 것일까? 기업의 경쟁력은 장기적 관점에서 전략을 수립하고 관련 인프라를 확보해 나가며, 이에 맞은 인재를 육성하는 전통적인 기업 전략으로는 생존할 수 없다는 것을 의미한다. 다양한 비즈니스 네트워크의 확보를 통해 필요한 비즈니스 인프라를 적재적소에 제공할 수 있는 체계를 구축해야 하고 모든 사안에 대해 신속하게 행동으로 옮길 수 있는 내·외부의 운영 체계를 확보해야 한다. 여기서 우리는 4차 산업혁명 시대에 추구해야 할 HR 전략의 핵심을 찾을 수 있다. 4차 산업혁명 시대는 인적 인프라를 포함한 모든 비즈니스 인프라가 네트워크를 통해 비즈니스 전반에 공유하고, 이들 인프라를 최대한 효율적으로 활용하는 부분이 중요하다고 언급하였다. 이를 위해서는 비즈니스 기회를 포착하여 이를 구체화하고 실제로 구현하기 위한 요소들을 명확하게 파악해서 최소한의 시간과 비용을 통해 이를 확보할 수 있는 디자인 역량이 필요하다. 다시 말하자면 특정 분야에 대한 전문성을 기반한 인재가 아니라 비즈니스 구조를 이해하고 이에 필요한 인프라를 정의하며, 이를 구조화할 수 있는 역량이 필요하다는 것이다. 최근 디자인 싱킹, 디자인 경영이 주목받고 있는 이유가 바로 이러한 이유 때문이다. 기업들은 이러한 관점에서 인력을 선별하고 포괄적인 사고와 함께 다양한 채널을 이용한 커뮤니케이션을 통해 비즈니스 네트워킹을 주도적으로 만들어갈 수 있는 인재를 육성해야 한다.

3차 산업혁명 시대까지 많은 기업들은 인재 육성을 문제 해결 역량을 높이기 위한 차원에서 추구해 왔다. 기업들이 당면한 문제를 분석하고 해석하는 역량에 초점을 맞추어 왔다는 의미이다. IBM의 '데이브 스노든'은 기업이 당면하고 있는 문제를 단순한 문제, 난해한 문제, 복잡한 문제 그리고 혼란스러운 문제 등 네 가지로 구분했다. 여기서 단순하고 난해한 문제는 학습을 통해 지식을 쌓으면 해결할 수 있는 유형의 문제라고 할 수 있다. 이는 전문성을 확보하면 해결이 가능하다는 의미이다. 전통적으로 기업들이 추진하고 있는 인재 육성의 전형적 방향성이다. 반면 복잡한 문제는 단시간 내 문제의 해결이 가능하지 않다. 복잡하다는 것은 각각의 사안들이 인과관계를 가지고 있지만 상호 간에 얽혀 있는 것이 현상으로 나타나 있는 것이다. 이는 상당한 시간과 논리적인 사고가 뒷받침이 되지 않으면 해결이 쉽지 않다는 것이다. 혼란스러운 문제는 인과관계가 불분명한 것을 의미한다. 4차 산업혁명 시대에 기업들이 직면하게 되는 문제들은 단순하고 난해한 문제들이 아니다. 복잡하고 혼란스러운 문제들이다. 인과관계를 찾기 어렵고 전문적인 지식으로 해결이 가능한 문제들이 아니다. 이러한 차원에서 인재 확보와 육성전략은 복잡하고 혼란스러운 문제들에 대해 맞설 수 있는 관점으로 진행되어야 한다. 사람의 일자리를 대체해가고 있는 기계, 인공지능은 철저한 인과관계 기반의 논리적 알고리즘에 의해 사고한다. 이미 나와 있는 엄청난 정보를 학습함으로 전문성을 확보하고 있다. 이세돌 9단이 알파고에게 패한 것도 이러한 이유이다. 바둑이 아무리 무한한 경우의 수가 있다고 하더라도 논리적인 흐름이 존재하고 있기 때문에 사람이 인공지능을 이기기에는 앞으로 불가능하다고 생각한다. 그러나 만약 바둑판을 19×19가 아니라 20×20 또는 19×20 등으로 바꾸게 되면 어떻게 될까? 모르기는 몰라도 필자의 생각으로는 사람이 이길 것으로 판단된다. 이것은 기존의 논리적 사고에서 벗어나는 인공지능 입장에서는 혼돈의 상황이 발생하기 때문이다. 이것이 인간 창의성의 힘이다. 결국 혼돈을 극복하는 것은 창의성이란 의미이다. 이 때문에 현재 인재 육성의 최대의 목표를 창의성 확보에 두고 있는 이유이다. 또 한 가지 중요한 것은 4차 산업혁명 시대는 기술이 모든 것에 가치를 부여하는 시대이다. 즉 개개인의 사람들도 기술을 통해 삶의 가치를 부여받고 있음을 의미한다. 제공되는 기술의 혜택이 사라진다면 현시대의 사람들은 살아가는 일상에 무력함을 느끼게 될 것이다. 이미 우리는 스마트폰을 통해서 그러한 경험을 하고 있다. 이러한 현상 속에서 기업은 기술을 통해 사람들에게 가치를 부여하는 것이 아닌 사람을 통해 가치를 부여할 수 있는 윤리적 사고에 큰 관심을 가져야 한다. 최근 하버드 등 유수의 대학에서 진행되는 MBA 과정에 기술적 윤리가 필수과목으로 지정되어 있다고 하는 것은 바로 이러한 관점이 반영된 것이라고 할 수 있다. 기술에 대한 윤리적 사고가 현시대의 기업 비즈니스 기반이 되어야 한다는 것은 막연히 사람들을 위함이 아니라 비즈니스를 주도하고 있는 자신과 가족을 위해서라도 필요하다는 것을 인지해야 한다.

4차 산업혁명 시대의 HR 전략을 네트워킹 역량, 이를 기반으로 하는 디자인 역량 그리고 창의적 역량과 윤리적 사고, 네 가지로 제시하였다. 기업들은 이러한 네 가지 관점을 기반으로 인재를 확보하고 육성하는 전략을 수립해야 한다. 이미 변화는 시작되었고, 그 속도는 우리가 생각하고 있는 것 이상으로 빠르다. 우리가 이러한 변화를 긍정적으로 대처하기 위해서는 변화를 주도하는 인력들에 대한 올바른 인재상의 정립과 이를 기반으로 인력의 육성과 확보가 필요하다. 기업에서 가장 변화가 느린 영역이 바로 HR 분야라고 한다. 그것은 기존 기득권 세력의 반발이 적지 않기 때문이다. 변화는 기득권자들이 기득권을 내려놓을 때 성공한다. 그리고 그 기득권자들이 변화에 적극적으로 동참할 때 결실을 볼 수 있다. 상기에서 제시한 HR 전략은 인공지능과 기계가 사람의 일자리를 대체한다는 머지 않은 미래의 예측에 있어 우리 기업들이 가야 할 길을 제시해 주지 않을까 하는 작은 기대를 해 본다.

제조업의 미래를 설계하라(1)

스마트팩토리의 허상에서 깨어나라

4차 산업혁명
인사이트 **22**

최근 제조업의 핫이슈는 스마트팩토리를 우리 공장에 어떻게 구현할 것인가에 대한 고민이다. 생각하는 공장, 소통하는 공장을 만들어서 공장 내 불합리하고 비효율적 요소를 없애고 이상적인 상태로 운영되는 공장을 스마트팩토리라고 부르고 있다. 이를 위해 생산현장에 각종 첨단 기술을 적용하기 위한 방안을 고민하고 실제로 막대한 자원을 투자하고 있다. 그런데 스마트팩토리를 추진하고 있는 경영자나 실무자들이 공장자동화와 스마트팩토리의 개념 차이를 정확히 알고 있지 못하는 경우가 의외로 많다. 우선 이 개념부터 정리해 보도록 하자. 공장자동화는 수동으로 진행되었던 공정들에 대해 기계의 힘을 빌려서 운영되는 것이다. 이 과정은 기계들이 작동할 수 있는 논리적인 프로그램을 통해 결정되며, 모든 기계는 프로그램의 로직을 벗어나 작동할 수 없다. 따라서 모든 변동사항이나 의사결정이 필요한 사항들에 대해서는 사람들의 개입을 통해 기계들은 동작하게 되고 이를 통해 공장이 운영된다. 바꾸어 말하자면 기계가 인간의 육체적 노동을 대신하지만 의사결정이나 판단이 필요한 부분까지는 기계로 대체되지 않는다는 것이다. 즉, 사람이 기계로의 단방향적 소통체계를 가지고 있는 구조가 자동화의 개념으로 이해하면 된다. 그렇다면 스마트팩토리는 어떤가? 스마트팩토리는 단순한 프로그램에 의해 동작되는 기계가 아닌 기계와 기계과 서로 정보를 주고받으며, 그동안 인간이 담당해 왔던 통제와 조정 및 관리의 기능을 스스로 운영하게끔 구조화된 공장이라고 할수 있다. 스스로 고장을 진단하고, 주문에 대한 생산계획을 수립하며, 스스로 필요한 자재에 대해 조달 프로세스를 수립하고 운영하는 등 그동안 관리자인 인간이 수행했던 역할을 기계가 수행할 수 있는 공장을 지칭한다. 즉, 인간과 기계가 양방향으로 소통할 수 있는 시스템 구조 속에서 공장 운영을 통해 축적된 데이터로 학습된 인공지능이 최적화된 생산체계를 운영하는 공장을 스마트팩토리라고 할 수 있다.

이러한 스마트팩토리를 구현하기 위해 수많은 제조업들이 앞다투어 엄청난 투자를 진행하고 있으며 특히 지멘스, 보쉬, GE 등은 스마트팩토리를 자사 공장에 실제로 구현하고 이를 타 기업에 적용하는 비즈니스모델을 만들어 새로운 수익원을 만들어 내고 있다. 우리나라에서도 2016년부터 스마트팩토리에 대한 본격적인 관심을 가지고 대기업을 중심으로 앞다투어 투자를 진행하고 있는 상황이다. 이러한 트렌드를 미루어 보았을 때 스마트팩토리는 제조업의 미래이며 대세라고 할 수 있는데 왜 필자는 뜬금없이 '스마트팩토리의 허상에서 깨어나라'라는 언급을 했을까?

누구나 알다시피 하나의 제품은 한곳에서 만들어질 수 없다. 제품을 만들기 위해서는 누군가 원자재를 공급해야 하고, 이를 가공하여 부자재 또는 부품을 생산해야 하며, 이러한 부품들이 모여서 완제품을 생산하게 된다. 그리고 만들어진 완제품은 물류와 유통과정을 통해 최종 소비자에게 전달된다. 물론 이를 위해서는 영업파트 등을 통해 입수된 주문량 정보 등을 기반으로 생산 수량이 결정되고 이를 위한 조달 계획이 수립되어야 한다. 우리는 이러한 일련의 과정들이 수행되는 구조를 공급망(Supply Chain)이라고 한다. 과거 소량의 자가생산 방식 경우에는 공급망이라는 관점은 지극히 미흡했으나, 산업혁명 시대를 거치면서 시장의 급격한 확대는 기업의 대량생산을 촉진하였으며, 이는 공급망이라는 산업생태계를 조성하는 계기를 만들었다. 2000년대 이후의 시장의 경쟁은 기업 대 기업의 경쟁이 아닌 공급망 대 공급망의 경쟁구조가 된 상태이다. 이는 최적화된 공급망의 경쟁력이 시장에서 승자가 될 수 있음을 의미한다. 다시 이야기를 스마트팩토리로 돌아와서 생각해보자. 스마트팩토리를 구축하기 위해서는 상당한 규모의 기술투자가 병행되어야 하며, 여러 방면의 생산기술이 축적되어야 한다. 이러한 투자와 기술의 축적은 대기업이나 일정 규모 이상의 중견기업에서는 가능하지만 상당수의 중견기업이나 대부분의 중소기업은 현실적으로 쉽지 않은 상황이다. 그렇다면 스마트팩토리는 현재로서는 공급망의 최상위에 위치하고 있는 대기업과 일부 중견기업 중심으로 운영될 수밖에 없다는 결론이다. 그렇다면 2차, 3차 그 이하의 공급망 내 공급업체들은 기존 공급망 운영 체계에 기반한 생산활동이 진행되고 있는 상황에서 과연 대기업인 모기업과 일정 규모 이상의 1차 공급업체에서 구축한 스마트팩토리가 기대하고 있는 만큼의 성과를 도출해 낼 수 있을까? 스마트팩토리가 운영되면 다품종 소량생산이 가능하고 이는 시장의 요구에 대한 맞춤형 공급체계를 구현할 수 있음을 의미한다. 또한 스마트팩토리는 설비 운영, 재고와 물류 등의 최적화를 이룰 수 있다고 많은 전문가들이 주장하고 있다. 그렇다. 충분히 가능하다. 그러나 앞서도 언급한 바와 같이 공급망이란 현재의 구조화된 시스템 속에서 전체 최적화가 이루어지지 않고 단위 최적화만을 통해서 우리가 원하는 성과를 얻기는 불가능하다. 따라서 스마트팩토리 이전에 스마트 SCM의 구현이 선행되어야 한다는 것이다. 4차 산업혁명은 고객의 욕구에 기반하는 맞춤형 시장을 만들어 냈으며, 이에 대응하지 못하는 기업은 경쟁에서 밀려날 수밖에 없는 경쟁 구도를 만들었다. 과거에는 발 사이즈가 273㎜의 치수를 지닌 사람은 270㎜나 275㎜ 사이즈에 맞추어 신발을 구매할 수밖에 없었으나 이제는 273㎜ 치수의 신발을 주문해서 제공받을 수 있는 시장이 열렸다는 것이다. 또한 내가 원하는 디자인과 색상, 그리고 소재 등을 선택하고 이를 주문하면 이에 맞추어 생산된 제품이 내 손에 들어온다는 것이다. 이러한 소비자 맞춤형 제조업이 4차 산업혁명에 기반한 가장 큰 제조업 변화의 축이라고 할 수 있다. 이러한 제조업의 변화는 그동안 제조업을 지탱해 오고 있던 생산성에 기반한 생산 운영 체계의 틀을 완전히 바꾸는 현상을 불러올 것으로 예측된다. lot 또는 Batch형 생산방식은 일부 영역을 제외하고는 특히 b2c 영역에서 더 이상 생산의 기본방식으로 운영되기 쉽지 않을 것으로 판단된다. 그렇다면 공급망은 이러한 변화 속에서 어떤 대응방향성을 가지고 대응을 해야 하는가? 가장 근본적으로 생각해 봐야 하는 문제이다.

과거 급변하는 시장의 변화에 대응하기 위해 공급망은 확정일 체제라는 방식을 운영하기 시작했다. 그동안 공급망의 플래닝은 공급망 운영의 핵심이라고 할 수 있는 S&OP(Sales & Operation Plans)를 통해 주문과 생산계획 운영의 균형을 맞추는 일원화된 계획을 수립해 왔고 이 계획에 의해 모든 공급망 내 기업들은 개별적으로 운영계획을 수립하여 생산활동을 진행해 왔다. 그러나 S&OP는 예측과 계획일 뿐 실제적으로 다양한 변수와 상황의 변화로 인해 계획에 대한 변경은 발생될 수밖에 없다. 이러한 계획의 변경은 공급망 내 많은 기업들에게 있어서 매우 큰 어려움을 초래하게 된다. 이러한 현상은 앞 단의 사소한 변화가 후 단에서는 매우 큰 데미지로 나타난다는 Bull-Effect 이론을 탄생시키기도 했다. 이러한 계획 변경의 손실을 최소화하기 위해 도입된 방법이 바로 '확정일 체제'이다. 아무리 계획이 변경된다고 하더라도 확정일로 설정된 일자는 변경 없이 당초 계획대로 생산을 진행한다는 방법이다. 확정일 체계의 초기 도입 시에는 7일 확정 체계를 목표로 대다수의 기업들이 추진을 해 왔으며, 공급망 관리 역량이 높아지면서 확정일이 점차 단기간으로 줄어들게 되었다. 삼성전자는 2010년대 초반부터 3일 확정 체계를 정착하여 운영하고 있으며, 현재는 상당수의 영역에 1일 확정 체계를 운영하고 있다. 삼성전자의 가장 큰 경쟁력이 SCM인 원인 중의 핵심이 확정일 체계 운영의 안정성이 핵심 요인이라고 한다. 그렇다면 확정일 체계가 중요한 이유는 무엇인가? 확정일 체계는 해당 기업의 시장 변화에 대한 공급망 차원의 대응 역량이라고 할 수 있기 때문이다. 공급망의 확정일 체계가 단기라는 것은 공급망이 변화에 대한 대응력이 우수하다는 것을 의미한다. 그리고 그것은 시장의 요구에 대한 능동적인 대응이 가능하다는 것을 의미한다. 즉, 맞춤형 생산체계를 운영할 수 있는 역량을 갖추고 있다는 것이다. 그렇다면 단기 확정일 체계를 운영하기 위한 핵심요소는 무엇일까? 그것은 단납기 체계를 갖추는 것이다. 주문에 대하여 최대한 빠른 납기 대응력을 갖추는 것이 4차 산업혁명 시대의 제조업의 변화에 대응할 수 있는 핵심 역량이라는 것이다. 스마트팩토리가 가져야 할 가장 중요한 기능들 중의 하나가 다품종 소량생산 기능이라고 언급한 것도 궁극적으로는 단납기가 가능한 시스템이 구축되어 있느냐는 의미이다. 결국 스마트 SCM에서 가장 필요한 역량은 단납기 역량이라고 할 수 있다. 그렇다면 단납기 체계를 운영하기 위해서는 어떠한 것을 갖추어야 할 것인가? 이러한 부분을 이야기하자면 끝도 없다. 공급망 내 모든 공장을 모두 스마트팩토리화한다면 가장 이상적이라고 할 수 있다. 그러나 현실적으로는 불가능하다. 그렇다면 현실적으로 가능한 방안을 고민해야 한다. 필자는 이러한 부분에 있어 두 가지의 안을 제시하고자 한다. 하나는 부품의 모듈화 및 반제품화이고 또 하나는 반제품과 모듈화 부품에 대한 모기업의 통합 물류창고의 운영이다.

공급망 내에서 그동안 많은 개선이 이루어져 왔으며, 가장 큰 성과를 내어 온 분야가 바로 물류영역이다. 물류영역의 개선은 주로 재고 영역과 리드타임 단축 영역에 집중되어 왔으며, 이는 제조업의 원가절감에 큰 축으로 경영개선에 적지 않은 기여를 담당해 왔다. 그렇다면 스마트 SCM차원에서 물류 영역은 어떤 방향의 개선이 이루어져야 하는가? 앞서도 언급한 바와 같이 4차 산업혁명 시대의 시장은 소비자 구매요구의 다양성을 얼마나 부합시키는 것인가로 진화하고 있다. 이러한 구매요구 다양성은 결국 고객 개개인의 맞춤형 요구에 대한 대응을 근간으로 하는 다품종 소량생산 능력을 갖추는 것을 요구한다. 또 하나 주목해야 할 것은 고객들의 인내심은 과거보다 짧아졌다는 것이다. 이제는 고객들은 자기가 원하는 제품을 누가 먼저 제공해 줄 수 있느냐가 제품을 선택하는 중요한 요소가 되었다. 최근에는 맞춤형 의류의 치수를 제공하고 원하는 디자인 정보를 입력하면 48시간 이내 배송해주는 맞춤형 의류 제조사도 생겨나고 있다고 한다. 이렇듯 고객은 원하는 사양뿐 아니라 원하는 시간까지, 고객의 요구 수준은 기업이 대응하기 쉽지 않게 진일보하고 있는데 과연 기업은 이를 어떤 방식으로 대응해야 하는가? 필자의 그간 제조업 컨설팅 경험을 기반으로 했을 때 이에 대한 가장 적합한 대응 체계를 갖추기 위해서는 우선적으로 부자재의 모듈화와 반제품화가 필요하며, 이를 모기업에서 공급망 내 통합 물류창고 형태로 운영을 해야 한다는 것이다. 이는 고객의 요구가 들어왔을 때 최소한의 시간과 공정으로 완제품을 만들어 낼 수 있는 체계를 확보하자는 것이며, 모기업의 통합물류 창고를 운영하자는 것은 고객요구에 대한 대응 리드타임을 최소화할 수 있는 물류시스템을 확보하자는 것이다. 반제품화의 대표적인 사례는 글로벌 의류사인 베네통이다. 일반적으로 의류생산의 공정은 생산하고자 하는 의류에 대해 색상별로 생산수량을 결정하고 이를 기반으로 색상별로 염색된 옷감을 우선 생산한 후 계획에 의해 생산하는 방식이다. 이럴 경우 시장에서 특정 색상의 의류는 품절이 되고 다른 색상의 의류는 재고가 넘쳐나는 현상이 실제로 적지 않게 일어난다고 한다. 베네통은 기존의 공정을 변경하여 의류를 반제품 형태로 먼저 생산하고 난 후 고객들의 주문에 따라 염색공정을 실시하는 방식을 적용하므로 특정 색상이 품절되는 현상을 방지하고 고객이 원하는 제품을 원하는 시점에 공급할 수 있는 체계를 구축해서 큰 성과를 거두었다. 도요타는 대표적인 모듈형 자동차 생산방식을 통해 고객이 원하는 자동차 옵션에 대해 신속하게 대응함과 동시에 AS 측면에서도 신속성을 확보함으로써 2000년대 후반 주춤했던 위기를 극복하고 다시금 도요타의 위상을 높이고 있다. 도요타의 자동차 부품 모듈화는 현재 향후 고객 개개인이 원하는 자동차 옵션을 기반으로 하는 세상에서 하나뿐인 고객 자신만의 자동차를 고객에게 제공하기 위한 연구를 진행하고 있다고 한다. 이렇듯 반제품과 모듈화 방식을 통해 고객에게 즉시 대응할 수 있는 제조 역량을 확보하는 동시에 이를 신속하게 공급받고 고객에게 인도할 수 있는 방안이 필요하다. 재고 영역은 기업들이 가장 고민하는 문제이다. 재고란 결국 현금의 흐름을 저해하는 부분이므로 기업 경영에 있어 필요악으로 규정하고 이에 대한 개선을 기업의 숙원과제로 대응하고 있다. 그래서 앞서 언급한 반제품과 모듈화된 부품을 모기업 내 통합 물류창고에서 관리한다는 것은 재고관리의 차원에서 생각한다면 불합리한 방안이라고 생각할 수 있다. 그러나 통상적으로 보면 기업의 재고에 대한 부분은 원부자재 영역이 아닌 완제품의 영역에서 그 문제가 심각하다. 소품종 대량생산의 가장 큰 폐해가 바로 완제품 재고이기 때문이다. 그러나 다품종 소량의 경우 특히 고객의 맞춤형 제품일 경우 완제품 재고에 대한 부담은 거의 없어질 수 있다는 점에 주목해야 한다. 모든 산업군이 다 그렇다고는 할 수 없지만 앞으로 고객 맞춤형 시장의 시대에서 완제품에 대한 재고는 거의 사라질 것이다. 그리고 누가 먼저 고객의 요구사항을 좀 더 수렴하고 원하는 시점에 제품을 공급해 줄 것이냐가 시장의 가장 큰 경쟁력이 될 것이다. 완제품에 대한 재고 부담을 더는 대신에 단납기를 확보할 수 있는 물류 운영 체계의 확보에 대해서 기업들은 기꺼이 부담을 감수해야 한다. 단납기를 위한 재고운영은 필요악이 아니다. 필수적 요소이다. 추가적으로 단납기 대응을 위한 또 하나의 방법은 3D 프린팅의 활용을 기반으로 하는 마이크로팩토리 시스템의 운영이다. 이 부분에 대해서는 다음에 생각해 보기로 한다.

스마트팩토리를 구축할 때 많은 관련 전문가들은 스마트팩토리의 수많은 센서를 통해 정보들이 취합되어 빅데이터 플랫폼을 구축하게 되면 추후 인공지능에 의해 운영되는 최적화된 공장으로 발전해 갈 것이라고 이야기한다. 틀린 이야기는 아니다. 그러나 공급망 관점으로 본다면 전체 최적화가 아닌 부분 최적화 관점으로 접근하는 것으로 공급망 경쟁력 측면으로는 큰 강점이 될 수 없다. 앞으로는 SCM 관점의 데이터 플랫폼이 구축되어야 한다. 공급망의 핵심 포인트별로 데이터가 플랫폼에서 취합되고 공급망 차원의 빅데이터 분석이 될 때, 그리고 이러한 데이터에 기반하여 학습된 인공지능을 통해 최적화된 공급망 플랜과 운영이 진행될 때 공급망의 최적화는 이루어질 수 있는 것이다. 공급망에 대한 데이터 플랫폼은 바로 진행되어야 한다. 그렇기 위해서는 공급망 내 운영되고 흐르는 정보의 표준화와 함께 공급망 운영을 위한 필요 정보에 대한 정의가 내려져야 하며, 이 부분들이 공급망 전체에 공유되어야 한다. 이것이 4차 산업혁명 시대 제조업이 추구하고 설계해야 할 가장 큰 과제이며, 숙제이다.

스마트팩토리, 매우 중요하고 반드시 추진해야 할 영역임에는 두말할 나위도 없다. 그러나 스마트팩토리를 통해 우리가 얻고자 하는 것들을 위해 우리가 선결해야 할 부분이 무엇인지, 스마트팩토리만 구축하면 모든 것이 다 해결되고 제조업의 유토피아가 구축되는지… 보다 객관적인 검토와 분석이 필요하다는 생각이다.

제조업의 미래를 설계하라(2)

마이크로팩토리의 시대가 온다

4 차 산업혁명
인사이트 **22**

제조업 변혁의 핵심은 3D 프린팅 상용화가 될 것이다. 3D 프린팅은 이미 그 개념이 1970년대부터 언급되기 시작했으며, 십수 년 전부터는 이미 다방면에서 활용되어 오고 있다. 이로 인해 4차 산업혁명을 선도할 핵심기술로서 타 기술에 비해 그다지 큰 주목을 받지 못해 오고 있는 것이 사실이다. 그러나 필자는 3D 프린팅이야말로 4차 산업혁명의 기술적 발전을 기반으로 제조업의 근간을 완전히 뒤흔드는, 기술적 혁명을 넘어 제조업 전반의 구조적 변혁을 가져오게 될 것이란 생각이다. 원자재를 생산하는 영역이 아닌 가공, 사출 등의 영역은 3D 프린팅 기술로 인해 그 근간이 송두리째 구조적인 변화를 일으키게 될 것이다. 이미 이러한 전조 현상은 여러 영역에서 어렵지 않게 접할 수 있다. 필자는 여기서 적층 가공의 원리가 무엇이니 하는 3D 프린팅의 기술을 논하고자 하는 것은 아니다. 3D 프린팅 기술이 제조업의 구조와 나아가 공급망의 구조를 어떻게 바꿀 것인지와 이에 대한 기술적 변화를 넘어선 구조적 변화에 우리는 어떠한 시각과 관점을 가져야 할지에 대해 한번 생각해 보고자 하는 것이다.

이미 3D 프린팅 기술은 일반적인 제조업의 가공 영역을 넘어서 의료, 건설 등에서 상당히 진보된 활용 영역을 보이고 있다. 3D 프린팅을 통해 자동차가 만들어지고, 3D 프린팅으로 집을 짓고, 3D 프린팅을 통해 사람의 골격은 물론 장기까지 만들어내고 이를 상용화하고 있다는 기사는 이미 놀랄 만한 뉴스도 아니다. 내가 원하는 디자인이 아닌 내가 직접 디자인한 옷이 3D 프린터를 통해 실시간으로 만들어지며, 내가 디자인한 가구가 3D 프린팅을 통해 실시간으로 만들어지는 시대가 왔다. 이것은 무엇을 의미하는가? 크게 두 가지로 생각해 볼 수 있다.

하나는 바야흐로 진정한 소비자 맞춤형 제조의 시대가 왔다는 것이며, 두 번째로는 생산자와 소비자의 경계가 본격적으로 무너지기 시작했다는 것을 의미한다. 이 두 가지는 밀접한 관련성이 있다. 소비자 맞춤 제조를 필자의 관점에서 구분한다면 '소비자 맞춤 제조1.0'은 소비자가 원하는 바를 취합하고 이를 분석하여 일정 수준 이상의 소비자 요구수준을 맞춘 규격품을 생산하는 단계이다. 엄밀하게 이야기하자면 기업이 생산한 제품 중에서 소비자가 원하는 가장 근접한 제품을 선택한다는 의미로 완전한 소비자 맞춤형이라고 부르기에는 다소 무리가 있다. '소비자 맞춤 제조2.0'은 제품별로 옵션 항목을 놓고 일부 영역에 대해서는 소비자가 옵션을 통해 소비자가 원하는 제품에 근접해 가는 방식으로 대표적인 것이 자동차 옵션을 생각하면 될 듯하다. '소비자 맞춤 제조3.0'은 소비자가 원하는 옵션대로 제품을 그대로 만들어 공급하는 시스템으로 4차 산업혁명의 스마트팩토리에 기반한다고 볼 수 있다. 대표적인 것이 바로 아디다스의 스피드팩토리라고 할 수 있다. 소비자 맞춤 제조3.0은 이제 막 시작되었다고 볼 수 있으나, 기술 측면이나 공급망 운영적인 측면에서도 여러 가지 해결해야 할 문제점에 대해 적지 않은 고민이 필요하다. 그런데 필자는 소비자 맞춤 제조4.0의 시대가 도래하고 있다고 생각한다. 소비자 맞춤 제조3.0도 이제 초기 단계인데 4.0의 시대가 도래하고 있다는 것은 어쩌면 어불성설로 들릴지도 모르지만 이미 현실로 다가오고 있다. 그 이유는 바로 3D 프린팅 기술 때문이다. '소비자 맞춤 제조4.0'은 소비자가 생산자가 되어 직접 원하는 제품을 만들어 사용하는 시대를 의미한다. 3.0의 시대의 제조의 주체는 기업이라면, 4.0시대의 주체는 바로 소비자 자신이라는 것이다.

이 부분은 제조업의 구조적 변화에 일대 변화를 가져올 수 있는 부분이다. 모든 제조 산업군이 그렇지는 않겠지만 필자가 생각하는 산업군은 의류 영역, 제과/제빵 영역, 가구 영역, 식기 등의 일상생활용품 영역은 3D 프린팅에 의한 개인 생산체계가 시장의 상당부분을 차지할 가능성이 높다고 판단된다. 향후 소비자 맞춤 제조3.0과 4.0은 공존할 것이며, 산업영역에 따라 구조의 양분화로 갈 수 있는 가능성은 농후하다고 할 수 있다. 그렇다면 3.0과 4.0은 어떠한 형태로 공존이 가능할 것인가? 필자가 생각하는 구조는 '마이크로팩토리'의 등장이다. 마이크로팩토리는 공장이 일정 규모의 시설과 인력이 투입되어 운영되는 것이 아니라, 도심이나 주택단지 한복판에 일정 평수의 장소에 3D 프린터를 설치하여 고객에게서 전달받은 주문 사항을 프로그래밍하여 이를 3D 프린터로 출력하여 고객에게 납품하는 형태의 팩토리를 의미한다. 현재 3D 프린터의 가격이 과거에 비해 상당히 저렴해지기는 하였으나 특정 사양 이상의 출력물을 출력하기에는 한계가 있는 것이 사실이다. 따라서 고사양의 3D 프린터를 설치하여 소비자가 원하는 형태의 제품을 출력(생산)해 주는 사업자가 나타날 것이다. 이미 이러한 사업을 운영하고 있는 사업자들도 적지 않다. 앞서도 언급한 의류, 제과/제빵, 가구, 식기와 같은 영역은 이제 원하는 디자인을 직접 디자인하여 가까운 지역에 있는 마이크로팩토리에서 출력(생산)을 요청하게 될 것이다. 이러한 지역별 3D 프린팅 기반의 마이크로팩토리의 현실화는 그다지 오랜 시간이 걸리지 않을 것으로 판단된다. 3D 프린팅의 상용화는 소재와 속도라는 두 가지 이슈가 있다. 3D 프린터로 출력된 제품의 사용처는 소재의 문제와 직결된다. 3D 프린팅 기술이 이미 상당 부분 오래전에 개발되어 왔으나, 상용화되지 못한 가장 큰 원인이 바로 출력물의 소재 때문이었다고 한다. 또한 3D 프린팅의 출력 속도 또한 상용화에 큰 걸림돌이었다. 초기에는 30㎝ 남짓한 단순한 소형 조형물을 출력하는데 24시간 이상이 걸렸다고 한다. 현재는 소재나 출력 속도의 문제도 상당 부분 상용화에 근접할 정도로 개선이 되었다고 하며, 2025년 까지는 소재와 출력 속도 또한 3D 프린팅 기술이 상용화되는 데 크게 문제가 없을 단계까지 올 것이라는 것이 관련 전문가들의 의견이다. 그러나 앞서 언급한 마이크로팩토리에서 다루는 영역은 소재와 속도가 그다지 크게 영향을 받지 않은 영역이라고 할 수 있다. 따라서 언제든 상용화가 가능하다고 할 수 있는 것이다. 다만 보편화되어 있지 않은 소비자들의 인식이 현재의 걸림돌이라고 할 수 있지만 세상에 하나밖에 없는 나만의 것을 갖고자 하는 인간의 욕망들이 소유욕으로 현실화될 때 마이크로팩토리는 새로운 제조업의 축을 담당하는 역할을 하게 될 것이다.

향후 마이크로팩토리는 향후 A/S 자재, 유지/보수용 자재 시장에도 큰 변화를 일으키게 될 것으로 예상된다. 이때 언급되는 마이크로팩토리는 A/S Shop 또는 현장의 Maintenance Shop 내에 운영되는 것을 의미한다. A/S 자재와 유지/보수용 자재는 필요한 시점에 재고를 확보하고 있어야 하는 적시성이 매우 중요하다. 그러나 적시성만 감안하여 무턱대고 재고를 보유할 수 있는 것은 아니다. 따라서 적정한 재고 운영 또한 적시성 못지않은 매우 중요한 관리요소이다. 3D 프린팅 기술은 이러한 A/S와 유지보수 자재의 운영에 있어서 높은 효용성을 나타낼 수 있다. 이미 모 자동차 기업에서는 A/S센터에서 3D 프린팅으로 출력이 가능한 부품리스트를 선정하고 해당 부품은 필요할 경우 바로 출력해서 사용하고 있는 시스템을 운영하고 있다. 3D 프린팅을 통해 출력이 가능한 부품의 비율을 10%라고 한다면 재고 비용, 보관 및 관리 비용 및 고객 대응력 등 여러 측면의 유효성을 가져올 수 있다. 이러한 부분은 공장 내 시설과 설비의 유지/보수 영역에서 더 큰 효과를 나타낼 수 있다. 공장의 시설과 설비의 생명은 가동률이다. 시설이나 설비가 멈춘다는 것은 실제로 그 시간만큼의 매출이 감소하는 것과 연결할 수 있는 만큼 시설과 설비의 유지보수는 매우 중요하다. 따라서 문제가 생겼을 경우에는 빠른 시간 내 조치가 진행되어 정상적인 가동이 이루어져야 하고 나아가서는 철저한 사전 정비를 통해 돌발적인 이상이 발생되지 않도록 해야 한다. 이를 위해서 가장 중요한 부분이 바로 정비 부품의 적시성과 안전재고를 확보하는 것이다. 이 또한 A/S 부품과 마찬가지로 사용되는 부품의 중요도, 수급에 따른 리드타임 등을 감안할 때 3D 프린터 출력이 가능한 부품들에 대한 리스트를 만들어 필요한 부품을 즉시 생산과 공급이 가능하도록 운영 체계를 갖춘다면 적시성과 재고의 적정성을 확보하는 데 큰 도움이 될 수 있을 것이다. 이미 일부 공장에서는 3D 프린팅을 통해 일부 소모성 부품을 자체 생산하여 실제로 적용을 하고 있으며, 국내 발전사에서도 이를 적극 검토하고 있다. 그러나 아직은 부품의 내구성 등을 감안할 때 이를 상용화하기까지는 시간이 걸릴 것으로 예상되지만 그 시간이 그리 오래 걸리지 않을 것이라는 것이 필자의 생각이다.

상기에 언급한 영역 이외에도 3D 프린팅 기술은 제조업 전반, 특히 가공산업에 있어서 상당한 구조적 변화를 가져오게 될 것이다. 3D 프린팅 기술은 공정의 단순화를 가져올 것이며, 사출 공정이나 프레스 공정의 등의 장치산업에서도 상당 부분의 대체효과를 가져올 것으로 예상된다. 이는 공급망의 구조적 변화와 연계될 수 있다. 3D 프린팅 기술은 상당 부분의 외주 부품 공급 체계를 내재화시키는 현상을 불러일으킬 것으로 보인다. 3D 프린터는 낮은 투자비와 타 설비 대비 낮은 유지보수 비용, 제품도면을 3D 프린터로 출력할 수 있는 프로그래머 정도만 확보된다면 최소한의 비용으로 특정 부품의 내재화가 가능할 것이며, 설계 변경 등의 상황에도 큰 장애 요인 없이 최소한의 시간으로 대응이 가능하게 될 것이다. 이러한 장점들이 결국 사출 및 프레스 또는 가공 영역의 일정 부분을 모기업이 내재화할 수 있는 원인을 제공하게 될 것이다. 따라서 이러한 변화들은 향후 제조업의 공급망 전반에 걸친 구조적 변화를 불가피하게 만들 전망이다. 물론 앞서도 계속 언급한 몇 가지 장애요인들이 있다. 이러한 장애요인들은 2025년을 전후로 상당 부분 해소될 것이며, 2025년을 기점으로 3D 프린팅은 제조업 전반에 있어 구조적인 변화를 본격적으로 일으키게 될 것이다.

최근에는 4D 프린팅 기술이 언급되고 있다. 2D 프린터가 평면, 3D 프린터가 공간의 개념을 창출했다고 하면 4D 프린팅 기술은 3D 프린팅 기능에 자가조립 기능(Self-Assembly)이 결합된 것을 의미한다. 여기서 자가조립 기능이란 시간이 지남에 따라 달라지는 환경에 의해 스스로 변화하는 기능으로 4D 프린팅 기술이란 환경에 따라 스스로 변화하는 물체를 출력하는 기술을 의미하는 것으로 엄밀하게 이야기하면 4D 프린팅 기술은 소재 기술의 혁명이라고 할 수 있다. 쉽게 예를 들자면 의류를 생산할 때 온도에 따라 옷의 기능이 변화하는 것. 추운 날씨에서는 보온의 기능이, 더운 날씨에서는 쿨링의 기능이 하나의 소재에서 변화할 수 있는 것을 의미한다. 다른 산업군에서도 유사한 경우를 생각해 볼 수 있다. 특히 헬스케어 분야나 건축/토목 분야에서는 그 활용도가 높아질 것이며, 자동차, 항공 영역도 4D 프린팅 기술은 향후 핵심기술로 자리 잡을 전망이다. 3D 프린팅 기술도 아직 상용화가 되지 못한 상태에서 4D 프린팅 기술을 논하는 것은 좀 이른 감이 있지만 최근 기술발전의 속도와 이에 대한 인간들의 적응 속도를 감안할 때 아주 먼 이야기로 치부할 것은 아니다. 더욱이 IoT 기술의 발전과 인공지능이 범용화가 되어가는 시점에서 3D 프린팅 기술, 넘어서 4D 프린팅 기술이 이와 접목이 된다면 우리가 생각하는 이상의 제조업의 구조적 변화는 불가피할 전망이다.

모든 산업의 근간은 제조업이다. 한동안 서비스 산업 중심의 경제구조로 인해 제조업이 위축되기도 했지만 궁극적으로 제조업의 발전 없이 지속적인 성장을 추구하는 데 한계가 있음을 많은 국가들이 깨닫고 제조업 부흥을 외치고 있다. 4차 산업혁명의 근원지라고 할 수 있는 독일의 인더스트리4.0의 출발점도 바로 여기서부터이다. 그러나 1, 2, 3차 산업혁명을 통해 제공된 기술들은 기존 제조업의 생산성과 효율성을 극대화하는 관점이었다면 4차 산업혁명 시대와 함께 제조업에 적용되고 있는 여러 기술들 그 가운데 일부 기술은 제조업의 근간을 흔들어 버릴 수 있는 새로운 구조와 형태의 제조 산업을 이끌어 오고 있음을 인지해야 할 것이며, 정부에서도 이러한 제조업의 구조적 변화에 적합한 정책과 제도에 대해 지금부터 고민해야 할 것이다. 그때가 도래한 후 고민이 시작된다면 제조업 전반에 대한 엄청난 혼란과 함께 산업적

이슈를 넘어 정치, 경제적인 이슈가 될 수 있는 높은 잠재성을 가지고 있음을 인지해야 할 것이다.

진정한
스마트워크
시대가 온다

로봇이 동료가 되는 시대, 우리는 무엇을 할 것인가?

4차 산업혁명
인사이트 **22**

2010년을 기점으로 '스마트워크' 붐이 산업계 전반에 일어나기 시작했다. 그리고 최근에는 '워라밸'이라는 일과 삶의 균형을 추구하기 위한 일하는 방식으로의 개선에 대해 주목하기 시작했으며, 이에 대해 정부가 나서서 공공 영역은 물론 산업계 전반에 독려하고 있는 시대가 되었다. 워크스마트란 여러 가지 의미로 해석할 수 있지만 간략히 언급하자면 가치를 창출하는 업무에 집중할 수 있는 업무체계를 의미한다. 필자가 컨설팅 기관에서 근무를 하면서 진행한 여러 가지 조직진단이나 업무분석을 진행해 보면 대부분의 경우 기업의 정체성에 기반하여 현재와 미래에 대한 직접적인 가치를 창출하는 업무는 전체 업무량의 30% 전후에 불과하다. 반복적이고 단순한 일상적인 업무(물론 기업 운영을 위해서는 중요한 영역임)나, 실제로 사용이 될지 확실하지 않고 만약을 위해 만들어지는 보고서나 이에 대한 첨부자료(보고자료에 대한 추가 설명을 위한) 등에 업무시간의 약 70%가 사용된다고 한다. 근로자들의 야근이나 휴일 근무가 발생되는 가장 큰 원인 중 하나가 바로 앞서 언급한 70%의 업무량에 의한 것으로 볼 수 있다. 스마트워크란 직접적인 가치를 창출하지 못하고 있는 70%의 업무영역에 대해 효율적인 업무 수행 체계를 만든다는 것을 의미한다. 효율적인 업무 수행 체계를 통해 확보된 시간을 새로운 가치에 투자하고 아울러 개인적의 삶의 질을 향상시킬 수 있도록 시간을 부여함으로 일과 삶의 조화라는 '워라밸'을 추구하고자 하는 것이 최근의 공공 영역, 민간 영역 전반에 걸친 주된 관심사이다. 이를 위한 정부 주도의 정책이 여러 방면에서 진행되고 있으며, 산업계 전반에서도 여러 다양한 시도를 지속적으로 추진해 가고 있다.

과거 야근과 휴일 특근 등 업무의 양적인 부분으로 직원을 평가하고,

업무의 양이 곧 성과라는 식의 관념들이 이제 더는 유용하지 않다는 것을 이젠 대부분의 경영자들이 인정하고 있다. 아울러 이러한 인식변화는 업무 프로세스를 설계하고 시스템을 구축할 때 가장 먼저 고려해야 할 사안으로 당연시 되고 있고, 시대에 부합되는 기업문화를 형성하는 중요한 요소로 자리 잡아가고 있다.

일하는 방식에 대한 인식변화의 이유는 크게 두 가지로 볼 수 있다. 하나는 앞으로 산업계를 주도하는 세대는 밀레니얼 세대(Insight 6에서 상세히 언급함)이기 때문이다. 밀레니얼 세대는 자신의 존재를 조직의 존재보다 중요시하는 특징을 가지고 있다. 따라서 자신의 가치를 조직에서 인정해 줄 때 조직에 대한 충성도를 갖게 되며, 그들은 자신의 존재가치는 자신의 삶과 일의 균형성을 통해 만들어가야 한다고 생각하고 있다. 기업들은 이러한 관점을 가지고 있는 밀레니얼 세대를 수용하기 위한 제도와 프로세스 그리고 시스템에 대해 고민을 해야 할 필요성이 있다.

두 번째 이유로는 4차 산업혁명 시대의 급격한 IT 기술의 발전이다. 4차 산업혁명이 불러오는 가장 큰 변화 중 하나가 사람들의 일자리 대체라는 것은 이미 여러 차례 언급한 바 있다. 그리고 이를 위해서 사람과 기계가 공존하는 것이 앞으로의 주된 사안임을 필자가 앞서 언급하였다. 사람과 기계가 공존한다는 의미는 결국 큰 관점에서는 일하는 방식이 스마트화됨에 따라 사람들은 가치 중심의 업무에 전념하고 단순하고 반복적인 업무들은 기계가 수행함으로 사람들의 삶이 보다 윤택해지고 자신의 가치를 위해 투자할 수 있는 여력을 부여함으로 성장할 수 있는 기회를 제공한다는 것이다. 이번 챕터에서는 이 부분을 중심으로 좀 더 깊게 생각해 보기로 한다.

4차 산업혁명은 제조 영역에서 안정적인 설비와 시설의 운영을 통해 생산성과 효율을 극대화할 수 있는 '스마트팩토리'를 현실화하고 있다. 물론 앞선 챕터에서 스마트팩토리가 제조업에서 제대로 된 성과를 발휘하기 위한 전제적 사항을 언급하기도 했지만 기술적 관점으로 보았을 때 스마트팩토리는 이미 현실 속에서 다양한 형태로 구현·실현되고 있다. 수백, 수천 명이 작업을 하던 공장들은 단 몇 명의 오퍼레이터와 관리자가 공장 내 설비들이 문제없이 가동되고 있는지 모니터링하는 형태로 바뀌게 될 것이다. 이렇게 제조 영역은 기술의 발전과 병행하여 이전과는 완전히 다른 모습의 현장으로 바뀌고 있을 때 비제조 영역, 사무관리 영역이나 연구 영역에서 일하는 방식은 어떠한 변화를 가져오게 될 것인가? 그리고 이러한 일하는 방식의 변화는 앞으로 산업계 전반과 개인의 삶에 어떠한 변화를 가져오게 할 것인가? 최근 언론을 통해서 접하는 기사 중에서 많이 언급되고 있는 단어가 있다. 바로 '봇(bot)'이란 단어이다. 봇이란 '사람을 도와주고 지원해서 사람이 처리해야 할 사안을 처리해 주는 기능을 하는 일련의 기계'로 정의하고 있다. 봇은 이미 제조 현장에서 사람을 대신해서 위험하거나, 정밀도가 요구되는 영역에 활용되고 있으며, 앞으로 더욱 많은 영역에 걸쳐 활용될 것이다. 그런데 최근에 봇의 적용 영역이 점진적으로 제조 영역이 아닌 사무관리 영역과 서비스업 전반에 적용되고 있다. 특히 사람과 채팅이 가능한 '챗봇(Chat_bot)'은 이미 고객과 직접적인 대응이 주된 영역인 콜센터 영역에 상당 부분 적용되고 있으며, 이미 상용화 단계를 넘어서고 있다. 아울러 챗봇은 채팅으로 진행된 고객과의 상담 내용을 인공지능을 연계하여 분석함으로써 향후 고객 대응력과 서비스 품질을 높이기 위한 용도로 적용 범위가 확대되고 있다. 인공지능의 자연어 인식능력이 향상된다면 챗봇은 고객과 자연어 소통을 통해 고객에 대한 서비스 수준을 획기적으로 상승시키게 될 것이며, 이를 통해 콜센터의 상담원들의 업무 부하량은 획기적으로 감소하는 결과를 가져오게 될 것이다.

연구소를 한번 생각해 보도록 하자. 일반적으로 연구소에서 하나의 프로젝트를 추진함에 있어 필요한 자료와 논문을 서칭하고 이를 활용할 수 있도록 정리하며, 정립된 내용이 과거 연구 결과와 중복되는지를 검토하는 작업은 프로젝트를 진행함에 있어서 약 10~20% 자원이 투입된다고 한다. 그리고 이러한 작업의 대부분을 연구 보조원들에 의해 진행되고 있다. 그런데 만약 이러한 일에 챗봇을 활용한다면 어떠한 결과를 가져오게 될 것인가? 아마도 상당 부분 연구자원 절감효과와 함께 연구를 진행하는 속도에도 큰 효과를 가져오게 될 것이다. 이렇듯 챗봇은 어느 정도 정형화되어 있는 프레임 속에서 이해관계자들에 대한 대응 영역, 상기에서는 연구 프로젝트를 사례로 제시했지만 사업이나 업무를 수행함에 있어 일종의 비서 역할을 수행함으로써 기존 업무를 보다 효율적이고 경제적으로 대응하게 하는 역할을 담당하게 될 것이다.

사무업무 영역을 획기적으로 변화시키는 기술이 주목받고 있다. 바로 'RPA(Robotic Process Automation)'이다. RPA는 일상 업무 중에서 발생되는 반복적이고 단순한 업무를 로봇이 처리하는 시스템으로 이해하면 된다. 일부에서는 업무 자동화와 차이가 무엇이냐는 의문을 가질 수 있다. 일반적으로 업무 자동화(OA)는 업무 수행을 편리하게 할 수 있는 자동화된 Tool을 활용하는 개념이다. 반면 RPA는 Tool이 아닌 업무 자체를 수행하는 하나의 실무담당자의 역할로 이해할 수 있다. 가령 구매 부서의 실무자는 오전과 오후에 한 차례씩 모든 부서의 구매요청서를 접수하고 이를 분류한 후에 실질적인 구매계획을 수립한 후 구매 절차를 진행한다. 그런데 일반적으로 구매 절차를 진행하는 부분보다 구매요청서를 접수하고 분류하는 등의 반복 업무가 상당한 비중을 차지하고 있다는 것이 구매 실무자들의 의견이다. 이 때문에 실질적인 구매업무 수행은 지연이 발생되고 있으며 이로 인해 적시 조달 등 구매 본연의 목적에 부합되지 못하는 문제가 발생되고 있다. 여기서 반복적으로 일어나는 구매 요청서의 취합과 분류에 로봇을 활용하여 업무를 진행한다면 구매 실무자는 실질적인 구매업무에 전념함으로 구매 본연의 목적에 부합되는 효율적이고 경제적인 업무 성과를 도출하는 데 있어 큰 도움을 얻게 될 것이다. 이와 같이 대부분의 업무에는 반복적이고 단순한 단위 업무가 상당수 포함되어 있게 마련이다. 그리고 이러한 업무를 처리하는 데 적지 않은 시간이 소요된다. 실제로 서두에서 언급했듯이 야근과 휴일 근무가 발생하는 가장 큰 원인 중의 하나가 단순하고 반복적인 업무로 인해 실제로 가치를 창출해야 하는 핵심 업무에 전념하지 못하는 경우 때문이다. 따라서 앞으로의 사무 업무환경은 반드시 필요하지만 반복적이고 단순한 업무 영역은 로봇으로 대체되고, 사람들은 가치 중심의 업무에 전념할 수 있는 여건이 조성되어야 한다. 이러한 현상이 반영되고 있듯이 현재 전 세계적으로 RPA 시장은 급성장을 하고 있다. 2017년 현재 약 20억 달러 규모의 RPA 시장은 2025년에는 약 200억 달러 이상의 시장으로 급격한 성장을 가져올 것으로 예상되며, 국내에서도 현재 금융업을 중심으로 RPA 도입이 활발하게 진행되고 있다. 최근 여러 대기업에서도 RPA 도입을 선언하면서 RPA 시장은 제2의 ERP 붐으로 확산될 수 있는 가능성을 보여주고 있다.

로봇은 이제 우리와 함께 일하는 동료로 인정해야 한다. 이미 해외에서 RPA를 도입한 일부 기업에서는 봇을 정식 사번이 부여된 업무 실무자로 인정하고 이를 관리하는 부서인 bR(bot Resources) 부서를 정식으로 운영하고 있다. bR 부서에서는 챗봇 또는 RPA의 도입 전략 수립, 관리 및 학습 등의 업무를 담당하고 있고, 봇의 운영을 통해 생산되는 정보를 클라우드 플랫폼과 인공지능과 연계하여 봇 스스로 학습을 통해 좀 더 많은 영역의 업무를 수행함과 동시에 경영층의 의사결정에 도움이 될 수 있는 정보를 제공하는 역할을 하고 있다. 이러한 현상은 오래지 않아 국내 기업에서도 흔히 볼 수 있는 현상이 될 것이다.

이러한 현상은 과거 단위 업무개선을 통해 추진하던 스마트워크가 아닌 사람과 기계가 공존하게 되는 진정한 의미의 스마트워크의 시대가 열리고 있다는 것이다. 불필요하다고 판단되는 업무는 자연히 소멸될 것이다. 그리고 기계와 인공지능에 의해 수행되는 업무의 수행 품질은 사람이 수행한 것에 비해 상당히 높은 정확도를 제공할 것이다. 아울러 기계는 휴식시간, 근로시간과 같은 제약이 따르지 않는다. 이는 업무 수행을 위한 리소스만 제공하면 24시간 365일을 풀타임으로 가동할 수 있음을 의미한다. 그렇다면 이러한 업무환경 속에서 사람의 역할은 무엇일까? 4차 산업혁명에서 가장 우려되는 부정적인 영향이 바로 이 점에 있다는 것이다. 이러한 진정한 스마트워크의 시대에서 과연 사람은 어떤 영역의 일을 하게 된다는 것일까? 앞서도 언급하였지만 챗봇은 사람의 업무를 지원해 주는 역할을 주로 수행하며, RPA는 단순하고 반복적인 일을 수행하는 역할을 하게 될 것이라고 언급하였다. 그렇다면 사람은 업무의 주체로서 업무의 가치를 만들어 내는 일에 집중해야 한다. 새로운 아이디어를 도출하고, 아이디어를 현실화하고 보급하는 역할을 해야 한다. 그리고 끊임없이 새로운 현상에 대한 질문을 하고 질문에 답을 찾아야 한다. 인공지능이나 기계가 할 수 없는 영역 중의 하나가 바로 질문을 하는 능력이라고 한다. 질문은 본인의 생각이나 깨달음을 통해 나오기 때문이며, 이러한 질문들이 향후 창조적인 사고를 통해 가치를 만들어 내기 때문이다. 그렇다면 챗봇이나 RPA, 나아가 인공지능에 의해 대체되는 업무에 속한 모든 사람들이 모두 창조적이고 가치를 만들어내는 영역으로 이동할 수 있을까? 필자는 그것은 쉽지 않을 것으로 생각한다. 가장 큰 이유는 현재 대부분의 근로자들은 창조적이고 가치 중심의 업무 수행에 익숙하지 않기 때문이다. 반복적인 시스템의 한 일원으로 업무를 수행하는 부분에는 매우 익숙한 역량을 보이지만, 본인이 주도하는 창조적이고 가치생산 중심의 업무 수행에는 상당한 미숙함을 보이고 있는 것이 현실이다. 필자는 이점이 가장 우려되는 부분이다. 4차 산업혁명에 기인한 일자리의 변화에 대해 예측하고 있는 학자나 전문가들은 상당한 일자리가 기계에 의해 대체될 것이지만 이에 상응하는 일자리들이 새롭게 나타날 것이며, 이는 총량의 법칙에 의해 어느 정도 일자리 부족과 신규 일자리가 상쇄될 것이라고 주장하고 있다. 그리고 새로운 일자리는 인간의 창조성과 감정에 기반한 인간 자체의 존엄성과 정체성에 기반한 영역으로 생성될 것이란 예측을 하고 있다. 충분히 설득력 있는 이야기로 생각할 수 있지만 중요한 것은 대부분의 사람들은 1, 2, 3차 산업혁명을 통해 하나의 조직원으로 자신의 맡은 바 업무를 충실히 하는 데 익숙해져 있으며, 정해진 제도와 정책에 따라 표준화된 프로세스와 일하는 방식을 준수하는 데 훈련되어 있다. 수십 년 동안의 변화는 기존 시스템의 고도화에 초점이 되어왔으나, 4차 산업혁명은 기존 시스템의 파괴를 통해 새로운 업무 영역과 일하는 방식을 사람에게 요구하는 시대가 되었다는 것이다. 로봇이 동료가 되고, 소통해야 하며, 협업을 해야 하는 시대이며, 로봇에게 일자리를 빼앗기지 않기 위해 로봇이 대체될 수 없는 영역의 업무를 주도적으로 수행해야 하는 것이다. 이러한 현실에 얼마나 많은 사람들이 잘 적응할 수 있을까? 그러나 이러한 현상은 필연적으로 우리에게 너무도 빠르게 다가오고 있으며, 피할 수 없는 현실이다.

지금까지의 스마트워크는 좀 더 효율적으로 일을 함으로써 성과를 높이는 동시에 시간이란 자원의 여유를 확보함으로 일과 삶의 조화를 추구하는 부분에 목적을 두고 진행되었다. 그러나 앞으로의 스마트워크는 얼마나 기계로 대체해서 일상적인 업무에 인간의 비중을 최소화하느냐의 개념으로 바뀌게 될 것이다. 따라서 우리는 워라밸에 기반을 둔 업무 효율성을 추구하는 것이 아니라 기업이 추구하는 가치를 명확하게 이해하고 이를 성과로 도출할 수 있는 창조적 관점으로 업무를 수행해 가는 방법, 그리고 그 기계를 이러한 업무를 수행함에 있어 필요한 지원파트로 끌어들이는 역량을 확보하는 데 모든 관심과 노력을 기울여야 할 때이다. 우리가 일하는 방식의 개선과 일과 삶의 조화를 운운할 때 우리는 일을 통한 생계유지라는 삶의 근원적인 문제에 대한 쓰나미가 머지않아 우리에게 밀려들게 될 것을 인식해야 한다.

우뇌의
시대가 온다

기계 주도의 세상에서 인간의 존재가치를
어떻게 기계와 차별화할 것인가?

4차 산업혁명
인사이트 **22**

인간의 뇌는 좌뇌와 우뇌로 구분되어 있다는 것은 널리 알려진 사실이다. 이 중 좌뇌는 논리적이고 이성적인 속성을 가지고 있으며, 우뇌의 경우는 논리성보다는 감성적이며, 감정적인 속성을 가지고 있는 것으로 알려져 있다. 그동안 많은 학자들은 인류의 경제적 번영과 문명의 발전은 인간이 좌뇌의 활용성을 확대함으로써 가능했다고 주장하고 있다. 특히 1차 산업혁명 이후 과학과 기술의 발전 속도가 급속도로 높아져 가는 세상 속에서 논리성과 합리적 사고를 중시하였으며, 모든 교육과정 또한 이러한 좌뇌의 활용도를 높여가는 방향으로 개발되고 운영되어 왔다. 이러한 좌뇌형 사고의 중시는 많은 사람들로 하여금 학습을 통해 축적된 지식을 기반으로 하는 엘리트형 인재를 추구하게끔 유도하였으며, 이러한 경향은 현재까지도 지속되고 있다. 이러한 엘리트형 인재들을 통해 인류는 현재까지 괄목할 만한 성장을 이끌어 왔다고 해도 과언은 아닐 것이다. 이러한 경향은 논리적이고 이성적인 좌뇌의 속성이 감성적이고 감정적 속성을 지닌 우뇌의 속성에 비해 우월하다는 인식을 보편화시켰다. 그러나 2010년 이후부터 우뇌의 중요성에 대한 관심이 점진적으로 높아지기 시작했다. 다니엘 핑크는 그 저서 『새로운 미래가 온다』에서 앞으로의 세상은 공감을 이끌어내는 능력, 트렌드와 기회를 인지하고 스토리를 만들어 내며, 아이디어를 선별하고 결합하는 능력이 세상을 주도해 나갈 것이라고 주장하며, '하이 콘셉트 & 하이 터치' 이론을 주장하였다. 하이 콘셉트(High Concept)는 예술적이고 아름다움을 창조하는 능력으로 정의하며, 주로 세상의 트렌드를 감지하고 아이디어를 선별하며 재배치함과 동시에 스토리를 만들어 내는 능력으로 정의하였다. 하이 터치(High Touch)는 공감을 이끌어내는 능력으로 유머 능력과 사람 관계를 조율하며, 일상에서 의미를 만들어 내어 목표를 달성해 가는 능력으로 정의하였다. 이러한 하이 콘셉트 & 하이 터치는 좌뇌적 속성보다는 우뇌적 속성에 기인한 내용들로 정의 되어 있다.

머지않아 디지털 플랫폼 위에 일과 삶의 터전이 새롭게 자리 잡게 될 현실 속에서 과연 인간은 어떠한 속성을 가지고 이 세상을 살아가야 할 것인가? 어떠한 정체성을 가지고 세상을 바라보며 살아가야 하는 것 일까? 많은 전문가와 학자들은 기계로 인간이 일자리를 잃게 되고, 새 로운 일자리가 이를 대체할 것이라는 과거의 전례를 이야기하지만 현재 의 변화는 과거의 변화와는 그 성격과 차원이 다르다. 『사피엔스』의 저 자 유발 하라리 교수는 그의 저서 『21세기를 위한 21가지 제언』에서 인 간의 모든 직업 중 이성적인 사고와 논리적인 사고를 기반으로 하는 직 업은 대부분 기계로 충분히 대체될 수 있을 것이라고 이야기하고 있다. 이러한 논리를 생각한다면 앞으로 인간이 선택할 방안은 두 가지이다. 인간이 적극적인 방어적 활동을 취함으로써 인간의 일자리 영역에 기 계가 들어오지 못하도록 대처하는 방안, 아니면 기계들에 의해 일자리 를 잃은 사람들을 위한 대책을 수립하는 방안이다. 이 부분에 대해서 기계와 공존하고 기계를 하나의 동료로 인정해야 한다는 이야기를 앞 서도 한 적이 있으나 이 부분은 기계로의 대체 환경에서 살아남은 자 들의 이야기일 뿐이다. 최근 미국에서는 UCLA 예술대학원(MFA, Masters in Fine Arts)의 합격률이 하버드 MBA의 합격률보다 훨씬 낮다고 한다. 그리고 MFA 출신들이 경영 또는 경제 영역에 진출하는 비중이 점진적 으로 높아지고 있는 추세라고 한다. 반면 MBA 출신의 취업률은 점진적으로 하락하고 있다고 한다. 예를 들어 맥킨지의 경우 MBA 출신 비중은 1993년 61%에서 현재 43%로 낮아졌으며, 그 비율은 점진적으로 감소해 갈 것으로 예측하고 있다(『새로운 미래가 온다』 다니엘 핑크 저). 또한 최근 각광받고 있는 영역 중의 하나가 디자인 경영 분야이다. 디자인 이란 효용성과 심미성이 결합된 것을 의미한다. 효용성은 좌뇌적 속성 이라고 한다면 심미성은 우뇌적 속성이다. 따라서 좌뇌와 우뇌의 균형 성에 기반한 관점을 경영에 활용하는 것이 바로 디자인 경영이란 의미 이다. 최근에서는 효용성 측면보다는 심미적 측면에 대한 비중이 점점 더 높아지고 있다. 그 이유는 제품에는 기대 성능이라는 것이 있다. 기 대 성능이란 내가 원하는 성능을 의미한다. 기대 성능을 충족하게 되 면 성능에 대한 기대치는 일반적으로 만족으로 변환된다. 그러나 심미 적 특성에는 한계가 없다. 그 이유는 내 속의 감성적 속성은 기대치에 대한 한계를 두고 있지 않기 때문이다. 따라서 최근의 디자인 경영은 이러한 꼭 심미적 특성이 아니더라도 우뇌적 관점에 대한 상당한 비중 을 두고 있는 특성으로 발전해 가고 있다. 그렇다면 디지털 변혁의 시대 에 과연 우뇌적 속성은 어떻게 좌뇌적 속성을 추월하는 중요성을 갖게 될 것인가에 대해 몇 가지 생각해 보기로 한다. 그리고 여기서 전제할 것은 앞으로의 시대가 좌뇌적 속성을 우뇌적 속성으로 대체한다는 의 미는 절대 아니다. 여기서 중요한 것은 상대적으로 좌뇌적 속성에 비해 우뇌적 속성의 중요성이 사회적 관점에서 저평가되어 있던 부분을 바로 잡아보자는 의미이며, 궁극적으로 좌뇌적 속성 기반 위에 우뇌적 속성 의 활용적 범위와 중요성이 이전 대비 중요해질 것이라는 전제를 두고 자 하는 것이 필자의 주장이다.

현재의 시대, 그리고 다가올 앞으로의 시대는 궁극적으로 과잉의 시대이다. 물질적인 부분에서 서비스적인 부분에 이르기까지 모든 것이 이미 수요를 초과한 상태이다. 물론 아직 어려운 여건으로 인한 이러한 풍족한 문명의 혜택을 받고 있지 못한 지역이나 국가도 있지만 전체적으로 보았을 때 현시대는 풍족을 넘어선 과잉의 시대이다. 그중에서 과잉으로 인해 향후 큰 문제가 될 여지가 있는 영역이 바로 정보 영역이다. 정보는 의사결정에 영향을 미친다 그래서 정보는 디지털 시대의 가장 핵심적인 자원이라고 할 수 있다. 그런데 이러한 정보 과잉은 정보 생산 주체의 무분별성에서 비롯된다. 너무나 많은 정보 생산 주체는 데이터와 정보를 쏟아내지만 이 정보는 제대로 된 검증을 거치지 않는다. 그리고 모든 정보는 플랫폼에 담기게 된다. 그리고 정상적이라고 판단되는 정보와 데이터를 확보했다고 하더라도 정보와 데이터 이면의 의미까지는 정확하게 알 수 없다. 이러한 관점을 세스 스티븐스 다비도위츠는 그의 저서 『모두 거짓말을 한다』에서 사람들의 솔직한 생각은 정보와 데이터를 통해 알 수 없다고 주장한다. 데이터를 취합하기 위한 활동과 데이터와 정보를 취합하고 이를 분석하는 활동은 좌뇌적 속성이 강하다. 이전까지는 데이터를 취합하고 분석하는 활동이 데이터 핸들링의 주된 활동이었다. 그러나 정보, 데이터의 과잉시대로 접어들고 앞선 신뢰성과 정보와 데이터 이면의 의미들이 모호해지면서 이들 정보를 선별하고 선택하는 활동이 중요하게 되었다. 그리고 선별하고 선택한 정보를 재배치하고 구조화하면서 그 의미를 정의하는 것이 매우 중요한 활동으로 각광받게 될 것으로 생각된다. 이러한 활동을 큐레이션 활동이라고 한다(큐레이션에 대해서는 다음 장의 '과잉의 시대가 온다'에서 상세히 소개). 마이클 바스카는 그의 저서 『큐레이션』에서 과잉시대에서는 필요성을 정의하고 정의된 필요성에 대해 선별하고 선택하여 재배치하는 활동이 향후 조직이나 개인에게 있어 중요한 역량이 될 것이며, 이러한 활동이 궁극적으로 창조적 재생산으로 연결될 것임을 주장하고 있다. 필자도 이에 대해 전적으로 동의한다. 그리고 큐레이션의 중심은 우뇌적 속성이 뒷받침이 되어야 할 것임을 믿어 의심치 않는다. 물론 선별과 선택, 재배치도 인공지능에 의해 진행될 수 있다. 그러나 이러한 운영 체계는 과거의 통계적 수치에 의한 정보를 참고적으로 알려주는 것이지 이를 큐레이션으로 보기에는 아직 합당하지 않다는 것이 필자의 생각이다.

디지털 시대에서 미래학자들이 우려하는 부분은 인간의 정체성 상실 문제이다. 인간은 그동안 좌뇌적 속성에 근거해서 수 세기 동안 교육되고 육성되어 왔으며, 그 교육을 통해 육성된 인재들은 사회, 문화, 경제, 정치 등 모든 영역에서 중심적인 역할을 해왔다. 그리고 각자의 분야에서 전문성을 키우고 이를 자신이 속한 집단에서 인정받는 동시에 성취감을 통해 자아실현에 다가가는 삶을 선호하고 그렇게 살아왔다. 그런데 디지털 시대의 도래는 이러한 인간의 삶 자체에 커다란 변화를 강요하고 있다. 나를 중심으로 세상이 돌아가고 있다고 생각했던 인간들이 기계에 의해 그 중심에서 점점 밀려나고 있는 것이다. 십수 년, 아니 수십 년 동안 학업과 노력을 통해 얻어온 지식과 경험은 한순간에 그 의미를 잃게 되었으며, 성취감이란 인간이 누릴 수 있는 최고의 희열을 찾아보기 힘든 세상이 되고 말았다. 좌뇌적 속성에 익숙해진 인간들은 더는 인간으로서 정체성을 찾기에 어려운 지경에 이르게 될지도 모른다. 필자는 이러한 앞으로 닥쳐오게 될 현상에 대비하기 위해서는 우뇌적 중심의 교육과 함께 우뇌적 속성을 향상시킬 수 있는 일련의 국가 차원의 정책이 필요하다는 생각이다. 국가 차원의 정책이 필요한 이유는 인간의 정체성 상실은 삶의 목적의식 결여로 이어지며 이러한 상황은 사람들로 하여금 극단적인 선택을 유도할 수 있게끔 만들 수 있다. 따라서 이는 매우 심각한 사회적 문제를 일으킬 수 있기 때문이다. 이 부분에 대해서는 향후 구체적으로 언급하게 될 거버넌스의 문제와 연계시켜 생각해 보기로 한다. 우뇌적 속성은 앞서 언급한 바와 같이 감성적이고 감정적인 속성을 가지고 있어 문화적, 예술적 소양을 이끌어낼 수 있으며, 주위 사람들과 정서적인 소통을 통한 심리적 안정감을 갖는 동시에 공동의 관심사를 가지고 새로운 도전 의식을 불러일으킴으로써 새로운 존재가치를 찾을 수 있도록 유도할 것이다. 정부에서는 사회적 기업의 확대를 거버넌스 차원에서 확대해야 한다. 사회적 기업은 좌뇌적 속성에 기인한 기업 활동이 아닌 우뇌적 속성에 기인한 기업 활동으로 매우 유용한 측면에서 사회적 가치를 실현함과 동시에 인간의 정체성을 새롭게 정의 내릴 수 있는 매우 가치 있는 정책이 되리라는 것이 필자의 생각이다.

4차 산업혁명 시대는 모든 것이 바뀌는 시대이다. 그리고 인간이 중심이 되어야 하는 시대임에도 불구하고 인간의 위상이 바뀌는 시대가 될 것이다. 그렇다면 4차 산업혁명 이전 시대의 인간의 정체성과 위상을 재정의해야 할 것이다. 합리적이고 계산적이며, 논리성에 기반한 인간의 사고는 더는 기계, 인공지능과 견주어 우월할 수 없다. 그럼에도 인간이 세상의 중심이 되려면 기계, 인공지능이 갖추기에 어려운 영역 (언젠가는 이 부분도 인간만의 영역이라고 할 수 없게 될지 모르지만)을 중심으로 인간의 정체성과 위상을 재정의해야 할 것이다. 그것은 우뇌적 속성에 기반한 사고를 중심으로 인간의 정체성과 위상을 정의해야 하는 것을 의미한다. 그러나 여기서 짚고 넘어갈 것은 앞서도 강조한 바와 같이 좌뇌적 속성을 접고 우뇌적 속성으로 모든 것이 넘어간다는 의미는 절대 아니다. 그동안 발전시켜온 좌뇌적 속성 또한 지속적으로 발전시키되, 그동안 등한시 되었던 우뇌적 속성의 가치를 이해하고 이를 좀 더 삶의 중심으로 이끌어 내자는 의미이다. 궁극적으로 좌뇌에서 우뇌의 시대로의 전환이 아닌 이제 양 뇌의 시대가 도래해야 함을 주장하는 것이다.

과잉의 시대,
어떻게
대응할 것인가?

큐레이션… 창조의 개념을 바꾼다

4차 산업혁명
인사이트 **22**

산업혁명이 인류에게 미친 가장 영향은 우리의 삶을 풍요롭게 만들었다는 것이다. 수요에 비해 공급이 부족했던 과거의 현실 속에서 산업혁명은 사람들로 하여금 인간다운 삶을 살아갈 수 있는 기반을 제공해 주었다. 물론 아직까지 이러한 산업발전의 혜택을 누리지 못하고 있는 사람들의 수가 결코 적지 않다. 그러나 과학과 기술의 발전은 이러한 혜택을 누리지 못하고 있는 사람들을 중심으로 발전하지 않는다. 가장 높은 수준의 혜택을 받고 있는 사람들을 기준으로 과학과 기술은 발전하게끔 되는 것이 불편하지만 진실이다. 여기서 이야기하고자 하는 과잉의 시대와 앞서 언급한 내용은 또 다른 문제이다. 이번 챕터에서는 불편한 진실은 일단 접어두고 앞으로 우리의 관점에서 닥쳐올 현실에 기반하여 생각해 보기로 한다.

1차 산업혁명이 대량생산의 근간을 만들어 냈지만 수요를 따라가기에는 한계가 있었다. 본격적으로 수요와 공급이 균형을 맞출 수 있었던 계기는 전기의 상용화가 이루어지게 된 2차 산업혁명이 이후라고 할 수 있다. 전기의 등장은 단순히 증기에서 전기로의 동력원의 전환을 의미하는 것이 아니었다. 생산공정과 프로세스 등 산업의 근본적인 변화를 의미하는 것이었다. 단순히 전기를 증기의 대체 동력원으로 여겼던 상당수의 기업들은 오래지 않아 사라지고 말았다. 전기의 등장으로 인해 대량 생산체계는 시장에 물건이 넘쳐나게끔 만들었으며, 소비자들은 공급 부족으로 인한 불편함에서 점차적으로 벗어날 수 있게 되었다. 기업들은 경쟁적으로 좀 더 많은 제품과 상품을 생산하기 위한 시설투자를 진행하였으며, 기업들은 소비자들의 소비성이 높은 상품들에 대해서 경쟁적으로 자사의 브랜드를 붙여 생산하기 시작했다. 매대에는 다양한 브랜드의 물건들이 넘쳐나기 시작했으며, 소비자들은 이제 풍요한 물건들 속에서 선택을 하는 시대에 들어서게 되었다. 이 시점을 대개 1980년대로 언급하고 있다. 1990년대부터는 풍요의 시대가 아닌 과잉의 시대로 접어들면서 공급이 수요를 초과하는 현상이 본격적으로 일어나기 시작했다. 소비자들의 선택을 받기 위한 다양한 노력과 활동들이 마케팅이란 이름으로 기업에서 본격적으로 추진되기 시작한 시점이기도 하다. 인터넷을 중심으로 하는 정보통신기술의 발전으로 인류는 새로운 전환점을 맞이하게 된다. 2차 산업혁명 이후 제조업을 통해 생산되는 물건들은 이제 풍요의 시대를 넘어 과잉의 시대로 접어들기 시작했으나 정보와 데이터의 중요성은 크게 부각되지 못했다. 그 이유는 데이터나 정보를 생산하고 유통될 수 있는 인프라가 아직 미흡한 상황이었기 때문이었다. 그러나 기업의 마케팅 활동이 본격화되면서 시장과 소비자를 대상으로 하는 각종 조사분석 활동이 활발해지고, 이러한 상황들은 데이터와 정보에 대해 기업들은 필요성을 느끼게 만들었다. 이와 맞물려 발전하기 시작된 IT 기술은 정보와 데이터의 생산과 분석 그리고 유통을 용이하게 만들었으며, 아울러 각종 데이터, 정보의 연결을 효율적으로 만들었다. 본격적으로 데이터와 정보가 생산되고 유통되기 시작한 것이다. 그러나 3차 산업혁명 시대는 데이터와 정보를 생산하는 주체가 한정되어 있었다. 시장의 변동성, 수요자들의 다양한 요구 그리고 예상을 넘어선 불확실성으로 인해 좀 더 많은 정보와 데이터가 필요하게 되었으나 3차 산업혁명 시대의 정보기술 인프라는 이를 수용하기에 한계점이 있었다. 2010년이 넘어서면서부터 상상을 넘어선 기술발전 속도는 이제 데이터와 정보의 생산 주체의 자격 조건을 무의미하게 만들기 시작했다. 누구라도 데이터와 정보를 생산할 수 있는 생산 주체가 될 수 있게 되었으며, 센서기술의 발전은 무한대에 가까운 데이터와 정보를 쏟아낼 수 있는 환경을 만들었다. IBM에서 조사한 결과를 보면 하루에 생산되는 정보의 양이 2조 5천억 메가바이트라고 한다. 최근 2년 동안 생산된 정보의 양이 이전 인류 역사를 통틀어 생성된 정보의 양보다 많으며, 매년 약 60%씩 데이터와 정보의 생산량이 증가하고 있다고 한다(『큐레이션』 마이클 바스카 저). 그렇다면 매년 생산되고 있는 2조 5천억 메가바이트의 정보는 모두 우리에게 유용한 정보라고 할 수 있는가? 현시대 우리는 개인부터 기업, 국가에 이르기까지 데이터와 정보에 의해 의사결정을 한다. 개인적 통찰과 직관에 의해 의사결정을 하는 경우는 이제 매우 드문 것이 현실이다. 그렇다면 이렇듯 쏟아지는 모든 정보와 데이터가 우리로 하여금 올바른 의사결정을 하는 데 의미가 있을까? 이제 정보와 데이터는 풍요가 아닌 과잉, 아주 심각한 과잉의 시대에 들어섰다고 단언할 수 있다. 과거에는 정보가 부족해서 올바른 의사결정을 하는 데 많은 어려움이 있었다. 그런데 최근에는 정보가 너무 넘쳐나서 올바른 의사결정을 하는 데 어려움이 있다. 그것은 어느 정보가 유용한지, 어느 정보가 신뢰할만한지를 판단해서 걸러내는 것이 결코 쉽지 않기 때문이다. 앞으로는 누가 많은 정보를 가지고 있는 것이 경쟁력이 아니라 유용하고 신뢰할 만한 정보를 찾아내는 역량이 경쟁력이 될 것이다. 여기서 우리는 큐레이션(Curation)이란 개념을 주목해야 한다. 필자는 4차 산업혁명 시대, 디지털 시대에서 기업들이 가져야 할 가장 중요한 역량을 꼽으라고 한다면 주저 없이 큐레이션 역량을 꼽을 것이다. 그렇다면 큐레이션은 무엇이고 왜 큐레이션을 현시대의 기업의 핵심역량으로 꼽고 있는지에 대해 생각해 보기로 한다.

일반적으로 큐레이션이라고 하면 미술관이나 박물관을 떠올리는 경우가 많다. 미술관이나 박물관에서 진열품에 대한 선별과 선택 그리고 배치를 통해 진열품의 가치를 올리는 역할을 하는 사람들을 큐레이터라고 하며 이러한 일련의 과정을 큐레이션이라고 한다. 좀 더 쉽게 와닿는 사례를 들어보도록 하겠다. 영국의 대영 박물관에는 약 800만여 점의 유물을 소장하고 있다고 한다. 그런데 전시실에 실제로 전시된 유물의 수는 약 8만 점이라고 한다. 그렇다면 8백만 점의 유물 중에 어떠한 기준을 통해 8만 점을 선별할 수 있을까? 유물의 특성을 살펴보면 유물에는 시대적 특성이 반영되어 있다. 그리고 정치, 문화, 경제, 사회, 종교에 이르는 시대의 다양한 성격 또한 반영되어 있다. 이러한 여러 가지 요건들을 통해 편향적이지 않도록 유물을 선별하는 기준이 필요하다. 그리고 현시대에 있어 시사점을 줄 수 있는 특성 또한 반영해야 한다. 이런 여러 가지 요소들을 감안하여 전시를 통해 가치를 제공할 수 있는 유물들을 선별하고 선택하는 활동이 바로 큐레이션이다. 이러한 활동은 결코 쉬운 일이 아니다. 역사의 흐름에 대한 식견은 물론 정치, 경제, 사회, 문화, 종교적 관점의 역사 인식도 필요하다. 그리고 현시대의 상황에 대한 안목 또한 필요하다. 그저 유물 리스트를 놓고 본인의 마음에 드는 대로 선택하는 것이 아니라는 것이다. 다시 말해서 전문성과 명확한 자신의 주관성(상대방에게 자신의 큐레이팅 내용에 대한 명확한 의미를 전달), 통찰력을 두루 겸비해야 가치 있는 큐레이션이 가능하다는 것이다.

큐레이션에 대한 이해가 되었다면 현시대에 큐레이션을 주목해야 하는 이유는 무엇인지에 대해 생각해 보기로 한다. 서두에서도 언급했지만 현재의 시대는 과잉의 시대이다. 특히 정보의 과잉은 올바른 대응이 이루어지질 않는다면 심각한 상황을 초래할 여지가 많다고 언급하였다. 또한 현재는 속도의 시대이다. 즉, 시간적 여유가 없는 시대라는 것이다. 의사결정을 위해 모든 정보를 취합하여 검토할 시간이 없다는 것이다. 적합하고 신뢰할 수 있는 정보들을 빠르게 취합하여 의사결정을 할 수 있어야 한다. 필요 이상으로 제공되는 정보는 오히려 집중력을 분산시켜 전체적으로는 의사결정의 리드타임을 지연시키게 된다. 이러한 관점에서 쏟아져 나오는 정보들 속에서 유용한 정보, 정확하고 제대로 된 정보를 확보하기 위한 역량은 현시대에 있어 조직이 보유해야 할 가장 중요한 역량이라고 단언할 수 있다. 유용하고 올바른 정보만이 최선의 결정을 내릴 수 있다. 정리해 본다면 정보를 많이 확보하는 것도 중요한 일이다. 그러나 확보된 정보 중에서 우리에게 필요한 정보를 선별하고 선택하는 것은 더욱 중요한 일이다. 그리고 또 한 가지 주목해야 할 부분은 앞서 대영 박물관 사례를 언급했듯이 800만 개 중에서 8만 개를 선별해 선택한다고 해서 큐레이션의 활동이 종료되는 것이 아니다. 선택된 유물을 전시하는 일, 즉 배치하는 일이다. 선택된 유물을 일정한 규칙과 프레임에 배치되었을 때 비로소 진정한 가치가 완성되는 것이다. 과잉된 정보를 선별하고 선택하는데 그치는 것이 아니라 선택된 정보의 배치 또는 정보들의 조합을 통해 가치를 창출하는 활동을 포함시킬 때 비로소 큐레이션의 과정이 마무리된다고 할 수 있다. 상기와 같은 내용을 기반으로 마이클 바스카는 그의 저서인 『큐레이션』에서 큐레이션은 선별 과정, 선택 과정 그리고 재배치 또는 조합의 3대 과정으로 구성되어 있음을 설명하고 있다.

앞에서 우리는 큐레이션 기능이 기업에 필요한 이유에 대해 간략하게 알아보았다. 그렇다면 큐레이션이 실제 비즈니스에서 어떠한 경쟁력을 제공해 줄 수 있는가에 대해 생각해 보기로 하자. 과거에는 같은 제품군에서도 다양한 형태의 제품을 개발해서 소비자 선택의 폭을 넓혀 주었다. 이러한 현상은 오프라인 유통점의 매대에 동일한 제품군에 대해 최대한 많은 종류를 진열함으로 고객들이 선택할 수 있는 폭을 넓혀 준다면, 이를 통해 매출이 증대할 것이라는 기대로 이어졌다. 미국의 대형 슈퍼마켓인 아이예거는 이에 대한 실험을 했다. 그것이 바로 유명한 '딸기잼' 실험이다. 하루는 매대에 각기 다른 메이커의 6개의 딸기잼을 놓고 판매를 했고, 며칠 후에는 매대에 역시 각기 다른 메이커의 20개의 딸기잼을 놓고 판매를 했다. 결과는 딸기잼을 구매하기 위해 매대에 들른 사람들의 수는 종류가 많았을 때가 작은 수의 딸기잼을 놓아두었을 때와 대비해서 30% 정도 많았다고 한다. 그런데 판매량은 오히려 딸기잼의 종류가 적었을 때가 많을 때보다 30%가 많았다고 한다. 이를 통해 얻은 결론은 선택의 폭이 넓을 때보다 선택의 폭이 적을 때 사람들은 실제적인 선택 행위가 일어난다. 선택의 폭이 넓을 때는 관심을 불러일으키지만 선택에 대한 갈등만 고조시킬 뿐 이는 실제적인 선택 행위로 이어지질 않는다는 것이다. 결국 소비자에게 많은 선택의 범위를 주는 것은 오히려 비즈니스에 있어 역효과를 일으킬 수 있다는 것이다. 많은 기업들은 자사의 제품의 성장세가 꺾어지기 시작하면 기존 제품의 라인업을 확대시키는 전략을 사용한다. 그러나 이러한 전략이 더는 유효하기 쉽지 않다는 의미이다. 비즈니스 영역에서 큐레이션이 필요한 이유가 바로 이것이다. 고객들은 많은 것이 주어지고 선택하는 것보다 자신에게 맞는 것을 받길 원한다. 즉, 소비자 자신을 큐레이션 해 주길 원하는 것이다. 예를 들어 음원 서비스 플랫폼을 보더라도 어느 플랫폼이 많은 음원을 보유하고 있느냐가 선택 기준이 되는 것이 아니라 내가 원하는 음악을 추천해 주느냐가 선택의 기준이 되고 있다. 큐레이션을 비즈니스에 활용하는 다른 사례를 생각해 보기로 한다. 큐레이션은 우리가 필요한 것을 경제적으로 유용하게 얻어낼 수 있는 역할을 할 수 있다. CNN은 최근 취재 현장에 영상촬영을 직접 하지 않는 경우가 많아졌다. 그런데 사건 보도에 사용되는 영상은 이전보다 빠르고 다양한 관점에서 제공되고 있다. CNN은 각종 사건·사고 현장의 영상과 내용을 실시간으로 제보를 받을 수 있는 플랫폼을 운영하고 있다. 대형사고가 발생했을 때 현장 근처에 있는 누구라도 해당 영상과 현재 상황을 플랫폼에 올릴 수 있다는 것이다. CNN이 사고 현황을 파악하고 취재팀을 아무리 빠르게 파견한다고 하더라도 현장에 있는 사람들로부터 전송되는 영상이나 내용의 속도를 따라오지는 못할 것이다. CNN은 플랫폼에 제보된 영상 중에서 내용을 충분히 전달할 수 있는 영상들을 선별하고 선택해서 조합한 후 사건·사고의 내용에 대한 스토리를 만들어 뉴스를 공급하고 있다. 이것이 CNN이 큐레이션 기능을 이용하여 뉴스를 만들고 있는 방법이다. 이러한 방식으로 뉴스를 만드는 것은 앞으로 더욱 보편화될 것이라고 이야기한다. 즉, 실시간으로 쏟아지는 다양한 정보들을 선별하고 선택해서 조합하여 스토리를 만들어 공급하는 형태로 뉴스가 생산될 것이라는 이야기이다. 컬럼비아 대학교의 TOW CENTER의 보고서에서는 이러한 현상을 '탈산업사회 저널리즘'이라고 명명하고 있다. 즉, 뉴스의 제작 역량이 언론사의 큐레이션 역량에 달려있다는 것이다(『큐레이션』마이클 바스타 저). 이렇게 만들어진 뉴스는 역동적인 실시간 정보를 제공하는 동시에 뉴스 한 편의 제작비용을 획기적으로 절감시키는 경제적 효과도 가지고 온다. 앞으로 언론사는 취재 장비와 취재 기자와 관련 네트워크 경쟁이 아니라 기사와 영상을 제보받을 수 있는 플랫폼, 그리고 정보에 대한 큐레이션 역량, 스토리보드 활용 역량의 경쟁으로 바뀌게 될 것이다.

다른 관점에서의 사례를 생각해 보기로 하자. 과학계에서는 연간 수백만 건의 연구 논문이 발표된다고 한다. 그러한 연구논문 중에서 여러 방면의 연구자들이 필요로 하는 정보를 담고 있는 논문을 찾기에는 쉽지 않다. 그리고 그러한 논문을 찾는다고 하더라도 이에 대한 검증은 별개의 문제이다. 대표적인 학술지인 「Nature」는 과학기술 논문의 다량 생산으로 인해 발생된 과잉의 문제에 대해 큐레이션 역할을 수행하고 있다. 과잉의 가장 큰 문제점 중의 하나는 과잉 속에 정말 가치 있는 대상이 묻혀 버리고 만다는 점이다. 「Nature」는 그러한 문제점에 대해 큐레이터의 역할을 통해 진정으로 과학발전에 기여할 수 있는 논문들을 선별하고 선택하여 학계에 제공하고 있다는 것이다. 이로 인해 「Nature」는 과학기술 영역은 물론이고 산업, 사회 영역도 적지 않은 영향을 미치고 있다. 과잉 생산되고 있는 논문에 대한 큐레이션의 역량이 「Nature」의 위상과 영향력을 만들어 내고 있는 것이다. 「Nature」와 같은 성격을 가지고 있는 다양한 매체들이 분명히 있었을 것이다. 그러나 그들에 비해 「Nature」의 큐레이션 역량이 뛰어났기 때문에 현재의 위치에 올라와 있다고 해도 무방할 것이다.

이렇듯 큐레이션의 역할은 기업 내 의사결정 진행뿐 아니라 비즈니스 운영에서도 매우 큰 영향을 미치고 있다. 본인이 무엇을 원하고 있는지를 알고 있는 사람은 그다지 많지 않다. 대부분은 본인이 무엇을 원하는지 정확히 모르고 있다. 그래서 추천받기를 원한다. 이것이 큐레이션이 비즈니스의 도구로 활용될 수 있는 중요한 포인트이며, 콘텐츠 큐레이션이 최근에 부상하고 있는 이유이다.

큐레이션 전략을 어떻게 수립하는 것이 좋을지에 대해 정리해 보도록 한다.

첫 번째는 유용한 정보와 운영기준을 명확히 해야 한다. 정보나 절차에 유용성에 대한 기준이 정립되어 있지 못할 경우에는 큐레이션이 아닌 정보에 대해 필터링하는 기능밖에 수행할 수 없다. 필터링 된 정보의 활용은 매우 제한적일 수밖에 없으며, 성향을 파악하는 정도에 그칠 수밖에 없다. 큐레이션의 운영 프로세스를 간략히 정리해 본다면 첫 번째 단계로는 필요한 성격과 이에 대한 범주화를 통한 그룹핑이 필요하다. 두 번째 단계는 범주별로 필요한 정보의 기준을 설정하고 이에 부합된 정보들을 선별하는 과정이 필요하다. 세 번째 단계는 선별된 정보들에 대한 우선순위를 결정하고 이를 선택하는 과정이며, 마지막 단계는 선택된 정보를 배치하고 조합함으로써 원하는 정보와 가치를 만들어낸다. 이러한 일련의 과정 운영을 위해서는 앞서 언급한 바와 같이 유용성 있는 정보와 운영기준을 명확하게 설정해야 한다.

두 번째는 큐레이션은 일관성, 전문성이 확보되어야 한다. 개별 사안별로는 차이가 있을 수 있지만 동일한 사안에 대해서는 일관성 있는 큐레이션이 진행되어야 한다. 물론 상황과 환경에 따라 일부의 변동은 있을 수 있지만 근본적인 부분에 대한 변동은 큐레이션의 결과에 대한 신뢰를 잃게 만든다. 그리고 큐레이션의 결과를 신뢰하게 해주기 위해서는 해당 영역에 대한 전문성이 필요하다. 미술작품을 큐레이션할 때 미술에 대한 전문성이 없는 사람이 큐레이션을 하다면 그 결과를 받아들일 수 있겠는가?

세 번째는 매우 중요한 부분이다. 기업들이 큐레이션에 관심을 많이 갖게 되면서 이에 대한 알고리즘을 적용하려는 시도를 하고 있다. 필자의 생각으로는 큐레이션은 알고리즘에 전적으로 의존해서는 안 된다. 큐레이션은 객관적인 결과보다는 주관적이며, 감성적인 부분이 상당 부분 필요하다. 즉, 인간의 경험과 감정, 주관적인 판단의 비중이 높다는 것이다. 특정한 원칙과 원리에 입각한 알고리즘으로 그 결과를 만들어 내기에는 한계가 있다는 점이다. 큐레이션이 인간의 경험, 감정 및 주관성이 필요한 이유는 큐레이션에는 스토리가 필요하기 때문이다. 스토리는 객관성보다는 주관적일 때 전달력이 높다. 그 이유는 스토리는 이성적보다는 감성적 접근 성향이 강하기 때문이다. 단, 주관성은 충분한 공감을 끌어낼 수 있는 논리가 뒷받침이 되어야 한다. 그리고 사람들은 자신에 맞춤형 정보를 전달받을 때는 인간적인 공감대와 감성적인 관계가 형성되길 원하는 성향이 있다. 최근 병원에서 인공지능으로 통해 자신의 질병에 대해 검진을 받는 것을 선호한다고 한다. 그러나 검진 결과를 인공지능을 통해 받기를 원하지는 않는다고 한다. 의사를 통해 검진 결과를 전달받기를 원한다고 한다. 바로 이러한 이유이다. 따라서 큐레이션은 4차 산업혁명 시대 사람들이 관심을 가져야 할 중요한 새로운 일자리 영역이기도 하다는 점도 주목할 필요가 있다.

큐레이션은 4차 산업혁명 시대 환경에서 기업이 갖추어야 할 필수적 차원의 역량이다. 앞으로 과잉의 시대는 더욱 심화될 것이며, 상당수의 대중은 혼란스러워할 것이다. 이것은 기업 경영도 마찬가지일 것이다. 큐레이션을 통해 혼란스러움에서 올바르고 기민하게 움직일 수 있는 기업 체질을 확보함과 동시에 비즈니스 기회를 선점할 수 있는 관점을 갖추어야 할 것이다.

4차 산업혁명 시대,
리스크를 어떻게
바라볼 것인가?

리스크는 혁신의 동반자이다

4차 산업혁명
인사이트 **22**

4차 산업혁명 시대의 특징을 필자는 4-NO 시대라고 정리하고자 한다. No-Identity, 정체성이 무의미한 시대로 다른 의미로는 산업 단위업의 경계가 무너지고 있는 No-Boundary라고도 말할 수 있다. 두 번째는 No-Sustainable, 지속성이 무의미한 시대로 기술과 시장의 변화 속도는 하나의 성공이 지속성을 갖도록 내버려 두지 않는다는 것이다. 세 번째는 No-Prediction, 예측할 수 없다는 것이다. 불확실성과 복잡성의 증대가 미래의 상황을 예측하기 불가능하게 만들고 있다는 것이다. 그리고 마지막은 No-Independency, 즉 독립적이란 존재하기 힘들다는 것이다. 현재의 시대는 모든 것이 연결되었을 때 가치가 창출되는 초연결 시대이기 때문이다. 이러한 '4-No'의 시대를 한마디로 정의하자면 '확실함'이란 더는 존재하지 않는다고 할 수 있다. 확실하지 않다는 것은 결국 상당한 위험요소들이 존재하고 있음을 의미한다고 볼 수 있다. 기술이 발전하고 산업 영역이 확대되면 될수록 리스크의 유형과 그 영향력은 그에 비례하여 커지고 있음을 우리는 알 수 있다. 그렇다면 4차 산업혁명 시대에 있어 리스크에 대한 대응은 어떠한 방향으로 진행되어야 할 것이며, 이를 위해서는 어떠한 대응구조와 역량이 필요할 것인지에 대해서 매우 신중한 고민이 필요하다. 이번 챕터에서는 4차 산업혁명 시대의 리스크에 대해 생각해 보기로 한다.

2000년 중반부터 많은 기업들은 기업에 영향을 미칠 수 있는 리스크에 대해 많은 관심을 갖기 시작했으며, 이에 대한 많은 대응 방안을 수립해 왔다. 이러한 리스크 대응은 단지 기업에 국한된 것이 아니라 사회 전반에 걸쳐 적지 않은 투자가 수반되면서 이에 대한 대응력 확보에 상당한 노력을 기울여 왔다. 그러나 이러한 투자와 노력이 과연 어느 정도 성과로 이어졌을까?

2011년 3월 일본의 이와테현 미야코시에 밀어닥친 쓰나미는 약 15,000명의 사망자를 발생시킨 최악의 참사였다. 원래 미야코시는 예전부터 크고 작은 쓰나미가 많이 발생하여 적지 않은 피해가 발생하던 지역이었다. 그래서 미야코시에서는 이러한 쓰나미의 피해를 방지하기 위해 그동안 발생했던 쓰나미 높이 등의 데이터를 토대로 상당한 높이의 제방을 쌓았다. 제방의 높이는 이전에 발생했던 가장 높은 쓰나미 높이보다 더 크게 높이를 더하였다. 그리고 시(市)에서는 앞으로 더는 쓰나미로 인한 피해가 없을 것이라고 주민들에게 대대적인 홍보를 진행했으며 주민들 또한 그동안의 전례를 보아 앞으로는 높게 쌓은 제방을 감안할 때 더 쓰나미로 인한 피해는 없을 것이라고 심리적인 안정감을 갖게 되었다고 한다. 그런데 2011년 3월에 밀려온 쓰나미의 높이는 무려 40.5m로 제방을 무력화시켰다. 많은 전문가들은 쓰나미에 대해 충분한 대비책을 마련했다는 생각에 쓰나미 발생에 대한 사전적 대응이 미흡했던 것이 큰 참사로 이어진 중요한 원인 중 하나라고 이야기한다. 쓰나미 경보가 울린 이후의 대응이 안일했으며, 주민들 또한 높은 제방에 대한 믿음으로 인해 피해에 효율적으로 대응하지 못했던 것이다. 이 사례를 통해 알 수 있는 것은 무엇일까? 리스크에 대해 우리가 그 규모를 예상하고 판단해서는 안 된다는 것이다. 리스크의 특징은 방어막이 붕괴되면 걷잡을 수 없는 상황을 만든다는 것이다. 손을 쓸 수 없이 속수무책으로 속절없이 당하는 상황이 올 수도 있다는 것이다. 그렇다면 리스크 관리 체계는 무용지물이라는 의미인가? 그것은 절대 아니다. 리스크에 대해서는 철저한 관리 체계를 갖추어야 하고 이에 대한 지속적인 훈련을 통해 실제 상황이 닥쳤을 때 당황하지 않고 대응할 수 있는 체질을 갖추어 나가도록 하는 것은 모든 기업이나 기관의 필수적인 경영 요소이다. 필자가 이야기하고자 하는 것은 리스크에 대한 규모나 범주를 우리가 한정해 놓고 거기에 안심하는 태도는 매우 위험하다는 의미이다. 4차 산업혁명 시대에 직면하게 되는 많은 리스크에 대한 유형이나 그 규모, 미치는 영향력에 대해 명확한 예측을 하는 것은 매우 힘든 일이다. 현재의 리스크에 대해서도 제대로 리스크의 유형이나 규모, 대응 방안 등이 제대로 예측되거나 정립되지 못한 상황에서 불확실성과 복잡성이 과거와 비교할 수 없을 정도로 중대될 앞으로의 시대에 대한 리스크를 예견한다는 것은 결코 쉬운 일이 아니라는 의미이다. 이러한 전제를 두고 4차 산업혁명 시대에 우리가 생각해야 할 리스크에 대해 한 번 정리를 해보도록 한다.

일반적으로 리스크에 대한 대응은 크게 두 가지 형태로 구분된다. 첫 번째는 예방이다. 리스크가 발생하지 않도록 사전 조치를 취한다는 의미이다. 두 번째는 정상화이다. 발생된 리스크에 대한 피해를 최소화하고 정상적인 상태로 되돌려 놓는 것을 의미한다. 일반적으로 기업은 리스크를 특정 기준에 의하여 분류하고 이에 따라 예방에 중점을 둘 것인지, 정상화에 둘 것인지를 결정하고 이에 대한 대응 시나리오를 준비한다. 가장 일반적인 리스크 관리의 형태이다. 앞으로도 이러한 리스크 관리의 큰 틀은 크게 변하지 않을 것이다. 기본적인 리스크 관리는 예방과 정상화이기 때문이다. 그러나 앞으로 우리에게 다가올 리스크의 성격은 이전과는 차이가 있을 것이다. 어떤 점에서 차이가 있는지에 대해 몇 가지 알아보도록 하자.

4차 산업혁명 시대의 가장 큰 특징 중의 하나는 앞서도 언급한바, 지속가능성은 더는 유효하지 않다는 점이다. 그 뜻은 앞으로는 일시적 우위가 유효한 시장이 된다는 것이다. 일시적 우위라는 부분은 제품이나 서비스의 수명 주기가 짧아진다는 것이며, 이는 제품이나 서비스에 대한 투자회수 측면에서 매우 리스크가 크다는 것을 의미한다. 시장에서 성공한 제품이나 서비스라고 하더라도 짧은 시간 내에 기존 제품이나 서비스에 혁신적인 요소가 가미된 새로운 제품과 서비스가 등장하여 기존 제품과 서비스의 대체재로 포지셔닝을 하게 됨에 따라 기존 제품과 서비스는 그 유효성을 상실하게 된다. 4차 산업혁명은 승자독식의 시대라고 한다. 그러나 승자독식의 기간은 오래가지 못한다는 것이다. 필자는 4차 산업혁명의 시대는 승자의 일시적 독식의 시대라고 이야기하는 것이 정확하다는 생각이다. 어찌 되었든 투자에 따른 제품과 서비스의 출시에 따른 리스크는 이전 시대의 것보다 훨씬 커질 수밖에 없는 환경이 도래하고 있다는 사실에 주목해야 한다. 과거에는 2등, 3등 제품이나 서비스도 일정 기간 시장 내 포지션을 확보하고 있으면 어느 정도 수익성은 확보되었으나 이제는 그러한 환경이 아니다. 1등조차도 그 지속성이 오래가지 못하는 환경이라는 것이다. 이러한 상황 속에서 기업들은 제품과 서비스의 출시에 대해 상당한 고민을 할 수밖에 없다. 안정적인 사업성을 고려하여 의사결정을 하기에는 경쟁사들이 가만있지 않는다. 혁신도 실행으로 옮겨졌을 때 그 가치가 발하는 법이다. 따라서 향후 대부분의 신제품이나 신규 서비스는 일시적 우위라는 관점의 리스크를 안고 가지 않으면 안 된다. 제품 기획 단계와 마케팅 계획 수립단계부터 이러한 요소들을 감안해야 한다. 중국에서는 '산자이'가 하나의 산업 영역이 되고 있다. 산자이는 시장에 출시된 새로운 제품들에 대해 부분적 변형이나 아이디어를 가미한 모방품을 일컫는 용어이다. 이렇게 생산된 제품들은 기존의 신제품이 출시되고 얼마 지나지 않아 시장에서 기존 제품을 몰아내 버린다. 중국정부에서는 이러한 산자이 상품을 암암리에 육성하고 독려하고 있다고 한다. 산자이 제품이 시장에 출시가 된다면 기존 제품의 시장 지배력은 상당 부분 침해를 받을 수밖에 없다. 산자이는 단지 중국에만 국한된 것이 아니다. 최근 청소기 시장에서 가장 강력하게 브랜드를 구축해 온 기업은 영국의 다이슨이다. 진공청소기에 있어서 신기술을 접목하여 한때 청소기 시장을 평정하였으나, 현재 삼성, LG, 샤오미 등에서 다이슨 청소기의 디자인부터 모든 기능이 흡사한 데다 더하여 물청소 기능, 제품의 경량화 등의 다른 기술을 첨가하여 시장에 출시하고 있다. 이것 모두 산자이 성격의 제품이라고 할 수 있다. 이에 대응하여 다이슨은 다양한 청소기 모델을 출시하여 대응하고 있지만 이미 청소기 시장은 과거 다이슨이 독식하던 형태의 시장이 더는 반복되기 어려운 것이 현실이다. 이전 시대와는 달리 '지속적 우위'의 유효성이 낮아지고 있는 시대에 '일시적 우위'로 시장 전략을 추구하는 것이 필요하며, 이에 따르는 리스크는 기존의 지속적 우위 전략에 따르는 리스크와는 또 다른 리스크가 존재하고 있음을 주목해야 할 것이다.

4차 산업혁명 시대는 초연결 사회이다. 연결성을 통해 대중들의 힘은 과거와는 비교할 수 없을 정도로 막강해졌다. 과거에 기업들의 이미지와 평판은 대부분 언론을 통해 대중에게 전달되었다. 그러나 다양하게 형성된 그들간의 이해관계는 있는 그대로의 정보가 아니라 상당 부분 축소되거나 변형된 상태로 대중에게 전달되도록 했다는 것은 부인할 수 없는 사실이다(물론 모두가 그렇다는 것은 절대 아니다.) 그러나 현시대는 이전과는 완전히 다른 정보전달 네트워크가 형성되어 있는 시대이다. 따라서 가령 구입한 제품에 문제가 있었을 경우 과거에는 구매자가 기업에 직접 연락을 취해 항의하거나 언론에 이를 제보하는 형태가 대부분이었다면 현재는 문제된 제품을 촬영을 해서 SNS에 바로 게시를 한다. 그리고 해당 제조사의 대응 태도 또한 SNS에 게재를 함으로 모든 사항들이 여과없이 그대로 공개된다. 이는 기업의 윤리적 평판에 치명적인 영향을 미칠 수 있다. 현시대의 대부분 기업들, 특히 제조업들은 글로벌 공급망을 운영하고 있다. 특히 2, 3 Tier 차원의 공급업체의 경우에는 본사 차원에서 직접적인 관리는 사실상 불가능하다고 볼 수 있다. 그러나 2, 3 Tier의 공급업체에서 문제가 생길 경우에는 근원적인 비평은 모기업으로 몰리게 되어있다. 특히 SNS가 발달된 초연결 사회인 현재에서는 문제가 발생되면 이를 해당 기업에서 조치를 취하기 전에 이미 관련 소식이 퍼지게 됨에 따라 초동 대응의 의미조차 무색하게 만드는 것이 지금의 현실이다. 2013년 4월에 방글라데시의 의류공장 붕괴사고로 1,100명이 사망한 사고가 있었다. 이는 열악한 협력업체의 사정을 모기업이 간과했다는 비판이 쏟아졌다. 해당 공급업체와 계약을 맺고 의류를 납품받아온 베네통, 망고, 봉마르셰 등의 유명 의류 브랜드는 사고로 인해 적지 않은 브랜드 이미지에 타격을 받게 되었다. 특히 인권 관련 단체의 SNS를 통한 사고에 대한 책임론은 해당 브랜드 기업들을 매우 당혹스럽게 만들었으며, 이로 인해 각종 규제와 운영에 대한 책임 강화 등 브랜드 평판의 하락과 더불어 많은 사업적 손실을 보게 되었다. 하루에 6센트를 받으며 나이키 축구공에 바느질을 하고 있는 파키스탄의 한 소년의 사진은 나이키 불매운동을 불러 일으켰으며, 스타벅스의 커피 원두 추출과 관련한 열악한 작업환경은 스타벅스의 이미지를 추락시켜 한때 스타벅스를 비윤리적 기업으로 불리게 만들었다. CSR(기업의 사회적 책임)의 중요성이 어느 때보다 강조되는 시점이다. 특히 4차 산업혁명 시대와 같이 모든 것이 연결되어 있으며, 소비자들이 제품의 품질과 가격만을 고려하는 속성에서 기업의 사회적 기여와 가치를 감안할 정도로 성숙하게 발전해 가고 있다. 결국 기업이 어떤 이미지로 소비자에게 각인될 것인가는 향후 기업이 시장에서 생존하기 위한 필수적 사항이 될 것이다. 필립 코틀러는 마켓 3.0의 시대는 기업의 사회적 기여도에 대해 소비자가 인식하고 이것이 소비자의 선택 기준이 될 것이며, 마켓 4.0시대인 초연결 사회는 이러한 현상이 더욱 가중될 것이라고 주장한 바 있다. 워런 버핏은 기업의 평판 리스크에 대해 다음과 같이 이야기하고 있다.

"기업이 좋은 평판을 만드는 데는 20년이 걸리지만
그 평판이 무너지는 데는 20분이면 충분하다."

이 밖에도 그동안 크게 비중을 두지 않았던 리스크들이 현실 속에서 매우 강력한 존재로 대두되고 있다. IT 기술에 대한 높은 의존성에서 기인한 디지털 정보보안은 기업이 가장 신경을 써야 할 영역이다. 몇 차례 사회적 이슈가 되었던 개인정보의 유출이나 정부 기관의 중요 정보 유출 사건은 단순히 해당 기업만의 문제가 아닌 사회적으로 큰 충격과 파장을 일으켰다. 모든 정보가 네트워크로 연결되며, 상당량의 정보들이 기업의 서버에 보관되고 있는 현 상황에서 디지털 보안의 허점은 이전과는 비교할 수 없을 정도의 큰 재앙 수준의 충격을 사회 전반에 미치게 할 것이다. 또한 고령화와 밀레니얼 세대의 등장 등의 사회계층 구조 변화 또한 이전과는 다른 새로운 리스크를 발생시킬 것이다. 환경 및 기후 변화에 대한 각종 규제와 현상은 기업으로서는 새로운 비즈니스 모델을 구상해야 하는 차원의 중대한 변화를 일으키게 될 것이며, 이러한 부분은 기존의 수익구조에 대한 심각한 리스크를 가져올 수 있다. 이미 2030년부터 유럽은 내연기관 자동차의 판매를 금지하는 조치를 시행하겠다고 발표했으며, 대부분의 국가들은 앞으로 전기자동차와 수소자동차 등의 청정연료 자동차만 허용하는 법안을 이미 발표했거나 준비하고 있는 실정이다. 이러한 조치는 자동차 업계에는 매우 심각한 사업 리스크임에 틀림없다. 그러나 현실은 이미 직면해 있다. 피할 수 없는 현실이라는 것이다. 이러한 현실을 돌파하기 위한 방안은 있는 그대로를 받아들이는 방법이 최선책이다. 또한 기업의 인력운영 구조도 과거와는 달리 노마드 형태로 구조화될 것이다. 노마드란 유목민을 뜻하는 라틴어로 특정 집단에 소속되어 있지 않고 자신의 역량을 필요한 곳에 제공하면서 자유롭게 일을 하는 사람들을 일컫는 말이다. 프랑스 경제학자 자크 아틸리가 그의 저서인 『21세기 사전』에서 "디지털 노마드"를 언급하였다. 디지털 노마드는 향후 기업의 조직운영에 있어서 매우 큰 영향을 미치게 될 것이다. 그러나 디지털 노마드는 한편으로 새로운 유형의 리스크를 가져올 수 있다. 필요한 프로젝트를 추진함에 있어 우수한 인력을 필요한 시점에 확보하고 활용하는 것이 보장되어 있지 않다는 것이 리스크이다. 과거에는 인력들을 내재화하여 필요 시 활용하는 데는 문제가 없었으나, 현재는 우수한 인력들이 한 곳에 매여 있는 것을 선호하지 않고 자유롭게 일을 하는 것을 선호함에 따라 기업은 적시에 인력을 확보하지 못함으로써 발생되는 여러 가지 어려움에 직면하게 될 것이다. 또한 기업의 복잡성이 증대됨에 따라 발생되는 문제점은 그 원인을 찾는 것이 쉽지 않으며, 설사 문제의 원인을 찾았다고 하더라도 그 문제를 해결하기 위한 조직적인 대응은 또 다른 문제가 될 확률이 높다. 복잡성은 기업들이 직면한 작은 이슈의 해결이 지연됨으로 인해 큰 이슈로 확대될 개연성이 있다는 것도 하나의 리스크이다.

그렇다면 이러한 상황 속에서 기업은 어떠한 시각과 관점을 가지고 대응을 해야 하는가? 우선적으로 연 단위로 리스크 대응계획을 수립해야 한다. 그리고 리스크에 대한 영향도 분석을 통해 기업경영 차원이나 사회적 차원으로 파장을 일으킬 개연성이 있는 리스크에 대해서는 리스트를 만들어서 월 단위 점검이 이루어져야 한다. 아울러 회사에 영향을 줄 수 있는 소위 빅마우스에 대해서는 집중적인 관계 관리 및 의견 개진을 통해 최대한 회사와 우호적 관계를 갖도록 해야 한다. 또한 리스크 관리에 있어 가장 중요한 것은 유연한 프로세스, 조직 운영과 회복 탄력성의 확보이다. 서두에서도 언급했지만 리스크를 예방하는 것은 매우 어렵다. 특히 불가항력적으로 발생되는 리스크의 경우에는 더욱 그렇다. 그렇다면 가장 중요한 것은 리스크가 발생되면 빠르게 정상화를 시키는 것이다. 즉, 회복 탄력성 역량을 확보하는 것이다. 2000

년 4월 미국의 앨커버그의 필립스 공장의 화재로 인해 부품 공급이 중단되었을 때 노키아와 에릭슨(지금은 두 업체 모두 핸드폰 시장에서 자취를 감추었다)의 정상화를 위한 대응은 에릭슨의 파산과 지금은 그 영화를 잃었지만 노키아가 당시에 글로벌 NO. 1.으로 도약하는 결과로 이어졌다. 리스크 발생 시 빠르고 유연한 조직적 대응과 프로세스 운영에 기반한 회복 탄력성은 비정상적인 상황을 정상 상태로 되돌리는 회복 속도의 리드타임을 단축시킬 것이며, 이는 이 시대 기업이 가져야 할 최고의 경쟁적 요소가 될 것이다. 또한 회복 탄력성은 계획으로 수립만 되어 있어서는 의미가 없다. 실제로 상황이 발생하였을 때 가동이 실행될 수 있어야 한다. 따라서 체계적인 실행 훈련이 정기적으로 운영되어야 하며, 리스크 상황 발생 시 총괄할 수 있는 책임자는 반드시 리스크 발생에 따른 대응조직에 대해 월 단위의 인력 점검을 통해 유사시 신속하고 정확한 대응이 이루어질 수 있도록 평상시 철저한 준비가 필요하다.

마지막으로 사회 윤리적 차원에서의 리스크도 간과할 수 없는 영역이다. 4차 산업혁명 시대의 기술은 온라인과 오프라인 영역을 무색하게 만들었으며, 사람을 디지털 디바이스의 노예로 만들었다. 이는 사람들이 온라인과 오프라인을 구분하지 못한 채 살아가도록 유도하고 있다. 특히 삶에 지친 젊은이들의 경우 오프라인 현실을 탈피하고 온라인 속에 파묻혀 살아가려고 하는 현상이 심각한 사회 문제가 될 것이다. 울고 있는 돌이 갓 지난 아기도 디지털 기기를 주면 울음이 그치는 세상이고 부모들 또한 아이들을 돌보는 것에 디지털 기기를 중요한 도구로 사용하고 있다. 이러한 현상은 향후 사회 전체에 엄청난 사회문제가 될 것임에 틀림없다. 또한 디지털 디바이스의 과도한 사용은 자신도 모르는 사이 자신 삶의 흔적을 거대 데이터 플랫폼 기업에 제공함으로써, 자신도 모르는 사이에 그들에 의해 조정되고 있는 자신을 발견하게 될 것이다.

시대가 변하면 그에 따라 기존 리스크의 성격도 일부 바뀌고 되고, 그동안 간과했던 사항들이 심각한 리스크로 대두되곤 한다. 그리고 새로운 기술과 변화에 따른 새로운 리스크 또한 발생하게 된다. 리스크는 발생하지 않도록 하는 것이 최선이다. 그러나 대부분의 리스크는 예측해서 예방하는 것이 쉽지 않다. 어떤 리스크는 우리가 이미 알고 있고 마주 서 있다. 그렇다면 리스크는 이제 '만약의 경우'라는 형태로 경영 계획에 반영되는 것이 아니라 필수적인 영역으로 반영되어야 하며, 회복 탄력성에 기반한 리스크 대응 인프라 및 조직, 프로세스의 확보와 함께 정기적이고 반복적인 리스크 대응 시나리오 실행 훈련이 이루어져야 한다. 실행이 되지 못하면 결국 아무것도 아니기 때문이다. 리스크에 대해서는 결코 완벽한 대응 준비란 있을 수 없다. 리스크 관리는 항상 최악의 상황을 염두에 두고 이를 대비해야 한다.

대칭과 포용 그리고 해체

연결된 대중의 힘이 세상을 바꾼다

4차 산업혁명
인사이트 **22**

4차 산업혁명 시대를 대표하는 많은 키워드가 있지만 필자는 가장 대표적인 키워드로 주저 없이 '초연결(High Connection)'을 꼽는다. 그 이유는 초연결은 사회와 경제, 문화, 정치를 근본적으로 바꾸는 근원적인 변화의 원인이기 때문이다. 필자가 4차 산업혁명 시대는 Next Age가 아니라 Another Age라고 일컫는 이유도 바로 이 때문이다. 그렇다면 초연결이 사회, 경제, 문화, 정치에 있어 어떠한 근원적인 변화를 이끌어 올 것인가에 대해 간략히 생각해 보기로 한다. 그렇다면 무엇이 연결된다는 것인가? 그것은 정보와 데이터이다. 과거로부터 정보를 가지고 있다는 것은 곧 힘이 있다는 것을 상징했다. 그래서 역사적으로 보면 정보를 가진 자들이 부와 권력을 독점하다시피 해왔다. 일반 대중은 개별적으로 가지고 있는 정보가 지극히 제한적이었다. 따라서 정보를 많이 가진 자에게 예속될 수밖에 없었다. 이에 따라 대부분의 의사결정은 정보를 많이 가진 자들에 의해 진행될 수밖에 없었고, 대중들은 이에 철저하게 배제될 수밖에 없었다. 시민혁명 등을 통한 민중봉기가 일어났으나 그동안의 정보의 편중성이 개선될 수 있는 여지는 그리 많지 않았으며, 이러한 개선되지 못한 정보의 편중성은 대중들의 위상 변화에 있어 한계에 부딪히는 주된 원인이 되었다. 근대에 들어와서 대중매체 발전은 정보의 편중성을 다소 완화를 시켜주었다. 그래서 과거와 같은 예속적인 형태의 사회구조에서 어느 정도 벗어날 수 있었지만, 대중매체는 일부 영역에 있어 일정 부분 대중들의 연결을 위한 기반을 제공하기는 하였지만, 이는 한정된 정보의 공유에 있었다. 그러나 시간이 흐르면서 공유되는 정보의 양이 점차 증가하게 되면서 대중의 위상도 차츰 향상되었고, 대중의 연결성도 확대되어 갔다. 그러나 확보하고 있는 정보의 양과 일부 주요 정보에 대한 특정 계층의 독점성은 여전히 지속되었으며, 이 또한 과거의 큰 구조적 특징을 바꾸어 놓지는 못했다. 그리고 이러한 현상은 1980년대까지 이어져 왔다. 그런데 이러한 구조적 특징을 흔들게 하는 현상이 나타났다. 바로 인터넷의 등장이다. 1990년대부터 본격적으로 보급되기 시작된 인터넷은 온라인이란 새로운 세상을 만들어냈다. 온라인 세상은 물리적 한계를 극복하게 만들었으며, 이를 통해 사람들은 하나둘씩 연결되기 시작했다. 그리고 이러한 연결을 더욱 용이하게 만들어주는 여러 유형의 채널이 온라인상에 등장하기 시작했으며, 디지털 기술의 발전과 더불어 이러한 채널은 플랫폼이란 하나의 가상세계에서의 커뮤니티로 발전하기 시작했다. 디지털 기술의 발전은 연결성을 가속화하기 시작했으며, 이러한 현상은 2000년대 후반부터 대중의 힘 형태로 그 위용을 드러내기 시작했다. 그리고 이전에 정보를 독점하다시피 해왔던 기존의 기득권 세력에 견줄 수 있을 정도의 막강한 힘을 갖기 시작했다. 그렇다면 앞으로의 시대에 있어서 이러한 대중의 힘은 산업과 사회, 정치, 문화 영역에 있어 어떠한 영향력을 미치게 될 것인가? 앞서도 언급한 바와 같이 과거에는 일부 계층이 가지고 있는 정보의 양과 대중(엄밀히 말하자면 대중 내 개인)이 가지고 있는 정보의 양에 상당한 비대칭성이 존재했다. 그리고 이러한 정보의 비대칭성은 정보를 가진 자가 갖지 못한 자에 대해 배타적인 관계를 형성하게끔 만들었다. 즉, 대중이 월등한 정보를 보유하고 있는 계층에 대해 거의 아무런 영향력을 미치지 못함에 따라 정보의 기득권자들은 굳이 대중을 의식할 필요가 없었던 것이다. 그리고 이러한 배타적 관계는 의사결정 독점성과 주요 자원에 대한 중앙 집중 형태의 관리체계를 형성해 왔다. 이것이 필자가 주장하는 정보와 사회의 구조적 관계를 나타내는 이론이다. 요약하자면 정보의 비대칭성은 배타적 관계를 형성하게 만들었으며, 이는 중앙 집중식 운영구조를 탄생시켰다는 것이다. 그런데 이제 이러한 구조가 완전히 바뀌는 시대가 도래했다. 정보의 비대칭성이 완전히 해소되었다고는 할 수 없지만 상당 부분은 개인 간의 연결성에 기반한 정보의 연결과 공유로 인해 정보의 비대칭성은 완화되어가고 있다. 그리고 개인의 연결로 이루어진 대중 네트워크는 과거, 정보의 비대칭성으로 대중에게 배타적 관계를 유지했던 정부와 기업 등 기득권 계층이 대중을 끌어안지 않으면 더는 기득권을 유지할 수 없도록 만들었다. 배타적 관계가 아닌 포용적 관계로 전환이 이루어지고 있다는 것이다. 연결된 대중의 힘은 전혀 다른 새로운 가치를 만들어 낸다. 이것을 '창발'이라고 한다. 상호 관련성이 없는 정보와 역량을 가진 개인이 연결되어 하나의 네트워크 차원의 집단이 만들어지면 그 집단은 완전히 새로운 가치를 만들어 낼 수 있는 역량을 갖추게 된다는 것이다. 이런 '창발'은 이제 산업뿐 아니라 정치, 문화, 사회적 측면에서 매우 중요하게 다루고 있다. 기업에서 대중을 연결하고 그 네트워크 공동체에서 창출되는 힘과 아이디어로 기업이 안고 있는 문제를 해결하고, 기존 비즈니스를 강화하며, 새로운 비즈니스를 형성함에 있어 주요 동력원으로 사용하기 위한 노력을 기울이고 있다. 또한 현시대의 모든 분야의 조직이 직면하고 있는 문제는 단순성이 아닌 매우 복합적인 요인을 가지고 있는 문제가 대부분이다. 이러한 복합적 요인의 문제들을 대응하기 위해서는 전문성보다는 다양한 관점의 접근이 필요하다. 전문성은 원인 분석보다는 도출된 원인을 해결하기 위해 필요한 영역이다. 따라서 복합적인 문제에 대한 솔루션을 찾기 위해서는 다양한 관점을 통한 다양한 접근이 필요하다. 조직 내 인력은 아무리 다양성을 갖추고 있다고 하더라도 해당 조직의 비즈니스 영역에 편중될 수밖에 없는 시각을 갖는다. 따라서 이러한 다양성을 수용하기 위해서는 편중되지 않은 다양성을 가지고 있는 대중의 힘을 빌려오는 것이 필요하다. 대중의 관점은 매우 다양하다. 그리고 동일한 문제에 대해 매우 다양한 접근을 해 온다. 이러한 대중의 다양성은 기업의 많은 문제점뿐 아니라 기업 혁신에 있어서도 상당한 인사이트를 제공하고 있다. 오픈 이노베이션과 크라우드 소싱이 주목받고 있는 것도 바로 이러한 이유이다. 기업은 대중을 더 이상 지갑을 열어 수익을 안겨주는 대상으로만 봐서는 안 된다. 과거와 같이 기업이 대중보다 많은 정보를 가지고 이를 통해 대중들이 원한다고 판단한 것을 제품화하여 시장에 공급하는 단방향적 시대가 아니라는 것이다. 대중들은 필요한 것에 대해 직접적으로 기업과 소통하고 제품화하는 과정에 참여하길 원하는 양방향적 관계를 요구하고 있다. 이것이 정보의 대칭성에 기반한 기업의 포용적 전략이 되어야 한다. 미국의 'Quirkys 닷컴'의 경우 제품 개발 플랫폼을 통해 개인 또는 그룹의 아이디어를 공모하고 이를 대중의 투표를 통해 선별하여 제품화를 한다. 그리고 제품화가 된 아이디어에 대해서는 수익에 따른 인센티브를 부여하는 시스템을 운영하면서 큰 성공을 거두고 있다. 이는 대중의 연결성을 기반으로 대중의 다양성을 수용하는 포용적 전략이 대표적인 사례라고 할 수 있을 것이다.

대중의 힘은 소비자 관점에서 더욱 커지고 있다. 과거에 기업은 소비자를 하나의 개별적인 존재로 취급했다. 그러나 현재는 소비자 한 명을 하나의 개별적 존재로 다루어서는 안 된다. 소비자가 어떠한 연결성을 가지고 있는지를 봐야 한다. 개별 소비자의 힘은 개별적 존재로서 힘이 아니라 연결된 네트워크의 힘이다. 이는 소비자의 구매 단계는 물론 구매 이후 단계에도 절대적인 영향을 미칠 수 있다. 필립 코틀러 교수는 '마켓 4.0'에서 기업은 앞으로 마케팅 관점에서 일방적인 정책을 수립하여 이를 추진하는 하는 것이 아니라 대중 속으로 들어가서 대중의 '구매 경로'에 직접적으로 참여해야 한다고 주장했다(Insight 7 마케팅의 역할을 재정의하라 참조). 이는 기업이 대중을 포용하는 것에 그치는 것이 아니라 대중들이 기업을 포용할 수 있도록 기업이 대중들에게 적극적으로 다가가야 함을 의미한다.

연결성의 힘은 기존의 비대칭성을 대칭성으로 바꾸어 놓았으며, 기존의 기득권을 가지고 있는 세력과 상호 포용적 관계를 형성하게 만든다. 그리고 한 가지 더 주목해야 할 것이 있다. 연결 도구의 발전은 기존의 경제적, 사회적 구조조차도 완전하게 바꾸어 놓을 수 있다는 것이다. 즉, 기존 구조의 해체에 대한 단초를 제공한다는 것이다. 바로 '블록체인'의 등장이 이것이다. 블록체인은 쉽게 이야기하면 연결성의 새로운 도구이다. 이 새로운 연결성의 도구는 연결성에 있어 가장 큰 문제로 언급되고 있는 신뢰성의 문제를 해결했다. 신뢰성을 바탕으로 중앙 집중식 관리 체계의 운영을 통해 배타적 우월성을 누리고 있던 대상에게 있어 신뢰성이 확보된 연결 도구는 이제 더는 중앙 집중식 관리의 유용성을 거부하게끔 만들게 될 것이다. 이로 인해 기존의 중앙 집중식 관리 체계는 당장은 어렵겠지만 서서히 해체 수순을 맞이하게 될 것이다. 대표적인 것이 은행과 같은 금융기관이며, 국가 또한 상당수의 국가 기능의 해체를 통해 국가의 통제 기능이 약화될 것이다. 이는 정치적, 사회적인 구조에 일대 변혁을 가지고 오게 됨을 의미한다. 물론 이를 위해서는 선결되어야 할 많은 기술적, 윤리적 사안들이 존재한다. 필자는 기술적 사안은 크게 문제되지 않을 것으로 생각한다. 그러나 윤리적 사안은 많은 이해관계 속에서 해결해 나가야 할 사안으로 이 부분에 대해서는 적지 않은 합의 과정이 필요할 것으로 보인다. 이 과정에서 기존의 기득권 세력과 이를 해체하고 분해하기 위한 새로운 세력과의 많은 갈등적, 대립적 상황이 새로운 경제적, 정치적, 사회적 문제로 나타나게 될 것이다. 필자의 생각은 앞으로의 대중은 과거와 비교할 수 없을 정도의 막강한 힘을 가지게 될 것이며, 이러한 힘은 관리되고 통제되는 것을 용인하지 않을 것이다. 아울러 미래는 대중의 권리와 힘을 증진시키는 방향으로 진화되어갈 것이기 때문에 궁극적으로는 기존의 경제, 정치, 사회구조는 상당 부분 해체의 수순을 밟게 될 것이며, 이는 새로운 사회적 구조, 경제적 구조와 정치적 구조를 만들게 될 것이다.

대중의 연결성은 기존의 세상과는 전혀 다른 구조적 변화를 일으킬 것이다. 그러나 여기서 주목해야 할 것은 연결성은 각각의 이해관계를 기반으로 독립된 집단을 형성하게 될 것이며, 이렇게 형성된 집단 간의 이해관계 충돌은 이전과는 차원이 다른 새로운 문제를 일으킬 수 있다. 따라서 연결성 시대에 거버넌스의 중요성이 강조되는 이유이다. 기술의 변화만을 바라보는 것이 새로운 시대를 맞이하고 있는 자세가 아니다. 이를 통해 도래 되는 근본적인 경제, 사회, 정치의 구조적인 질서를 올바르게 직시하고 이에 대해 깊은 통찰과 고민이 필요하다. 그리고 이에 대해 준비를 하는 사람, 기업, 국가가 최종적인 승자가 될 것이다.

비즈니스 원칙의 패러다임을 바꿔라

문화와 경험이 전략과 상품을 이긴다

4차 산업혁명
인사이트 **22**

4차 산업혁명 시대의 비즈니스의 핵심 키워드는 무엇일까? 기업들은 어떠한 관점을 가지고 비즈니스에 임해야 하는가? 4차 산업혁명 시대의 비즈니스는 게임의 법칙이 바뀌었음을 인지해야 한다. 이 게임의 법칙을 제대로 이해하지 못하고 과거 게임에서 성취한 성과에 연연하여 그 게임 법칙의 테두리에서 벗어나지 못하는 기업은 더는 존속하기 어렵게 될 것이다. 그렇다면 게임의 법칙이 어떻게 바뀌었다는 것인지에 대해 생각해 보기로 한다.

　과거 비즈니스 게임의 법칙은 좋은 제품이나 서비스를 낮은 원가로 생산하고 이를 소비자에게 적절한 시점과 가격에 공급하는 것이었으며, 소비자는 원하는 가격과 시점에 이를 소유하는 법칙하에 비즈니스가 전개되었다. 그러나 현재의 비즈니스의 법칙은 서서히 바뀌고 있다. 기술의 발전은 만들고 생산하고 전달하는 비즈니스 수단의 고도화를 가져오는 것을 넘어서서 아예 비즈니스의 법칙 자체를 바꾸고 있는 것이다. 많은 경제학자들은 다가올 비즈니스의 키워드는 '경험과 공유'가 될 것이라고 주장하고 있다. 비즈니스 키워드가 경험과 공유가 된다는 것은 기존 게임의 법칙이 상당 부분 바뀔 수밖에 없다는 것을 의미한다. 과거 제품과 서비스의 판매와 이에 대한 소유가 경험과 공유로 바뀐다는 것은 비즈니스에 대한 패러다임을 바꾸어야 한다는 의미이기도 하다. 그렇다면 새로운 비즈니스의 키워드인 경험과 공유는 무엇을 의미하는 것인지에 대한 간략히 생각해 보자.

　디지털 기술의 발전이 세상을 변화시키는 원동력은 바로 '초연결'이다. 디지털 기술은 모든 것을 연결했다. 기계와 기계는 물론이고 사람과 기계, 사람과 사람… 이러한 연결은 그동안 연결이 되지 못함으로 인해 생성되지 않았던 새로운 세상과 기회에 사람들의 눈을 뜨게 만들었다. 그리고 생겨나기 시작한 디지털 기반의 플랫폼은 사람들 간의 연결을 촉진시키고 이러한 연결은 정보 교류의 범위를 확대시켜 나가게 되었다. 이러한 정보교류 범위의 확대는 점진적으로 새로운 거래의 형태를 만들게 되었다. 공급자와 수요자의 구분과 경계가 명확했던 시장의 형태가 공급자와 수요자의 구분이 명확하지 않으며, 서로가 필요에 의해 수요자와 공급자의 위치가 수시로 바뀌는 형태의 시장이 형성되기 시작한 것이다. 이것이 바로 플랫폼 경제이다. 플랫폼 경제는 향후 소유 기반의 거래가 아닌 공유 기반의 거래를 급속도로 발전시킬 것이다. 많은 경제학자들이 추후 시장경제는 공유 기반 경제의 비중이 높아지게 될 것이라고 주장하는데 이러한 배경이 있기 때문이다. 이러한 공유경제는 기존의 경제원칙을 떠받치고 있던 소유 기반의 경제 법칙이 바뀌고 있음을 나타내는 중요한 현상이라고 할 수 있다.

비즈니스 법칙이 바뀌고 있는 또 하나의 중요한 현상이 있다. 그것은 이제 기업들은 물건이나 서비스를 고객에게 판매하는 것이 아니라 경험을 판매해야 한다는 것이다. 물건이나 서비스는 고객에게 경험을 제공하는 하나의 매개체로써 기능을 갖고 있을 뿐이라는 것이다. 경험이라는 것은 지극히 감성적인 영역이다. 고객은 이제 내가 원하는 것을 소유하는 것이 아니라 내가 원하는 경험을 갖기를 원한다. 그리고 그 경험에 대해 기꺼이 비용을 지불한다. 그리고 그 경험은 좋으면 좋은 대로, 나쁘면 나쁜 대로 SNS 등을 통해 다른 사람들과 공유하게 된다. 이러한 고객 경험은 단지 B2C 형태의 비즈니스뿐 아니라 B2B 형태의 비즈니스에서도 크게 위력을 발휘하고 있다. 고객 경험을 비즈니스 핵심가치로 삼고 있는 대표적인 기업이 바로 '스타벅스'이다. 스타벅스는 단지 음료 판매가 아닌 스타벅스라는 브랜드가 효용성을 갖는 공간에서 스타벅스만이 줄 수 있는 다양한 경험을 고객에게 제공하는 것을 목표로 삼고 있다. 고객은 제공받는 경험에 만족할 경우 해당 브랜드가 자신에게 서비스를 제공하고 있다는 사실에 만족감과 함께 자부심을 갖게 된다. 스타벅스는 이러한 전략을 통해 다른 동종업계 커피 전문점과는 비교할 수 없는 정도로 성공적으로 사업을 전개하고 있다. 고객 경험의 또 하나의 특징은 경험은 연속성을 가질 때 그 가치가 높아진다는 것이다. 다시 말하면 고객에게 물건이나 서비스를 제공하는 거래가 종료되면 고객과의 관계가 특별한 경우를 제외하고는 이어지는 경우가 많지 않다. 즉, 고객 경험이 단절된다는 것이다. 그러나 고객에게 판매한 물건이나 서비스가 고객에게 지속적인 경험을 제공하는 매개체로서 역할을 하게 된다면 이것은 새로운 비즈니스 기회를 만들어 내는 사업 모델로 충분한 가치가 있게 될 것이다. 이러한 비즈니스 형태는 이미 우리의 경제 구조 속에 자리를 잡고 있다. 기존의 물건과 서비스를 판매하던 비즈니스 법칙들을 하나둘씩 바꿔가고 있는 것이다.

그렇다면 이러한 비즈니스 법칙이 바뀌어 가는 환경 속에서 기업은 어떻게 대응해 나갈 것인가? 비즈니스에 있어서 가장 중요한 것은 앞서도 언급했지만 고객이 원하는 물건과 서비스를 만들어서 시장에 공급하는 것이다. 그러기 위해서 기업은 시장 환경을 분석하고 내부의 역량에 대한 고민을 통해 제품개발, 마케팅, 영업 등 다양한 전략을 수립한다. 즉, 기업을 경영함에 있어 적절한 전략을 수립하고 이를 기반으로 상품(서비스)을 개발하며 이를 시장에 공급하는 것이 기업의 비즈니스에 있어 가장 중요한 핵심이라고 할 수 있다. 그런데 이러한 중요 핵심요소들이 비즈니스 법칙이 바뀌고 있는 현시점에서도 지금도 유효하다고 할 수 있을까? 물론 전략과 상품(서비스)은 비즈니스에서 가장 중요한 요소임이 틀림없다. 전략과 상품(서비스)이 비즈니스의 중심에 있지 못하다면 비즈니스는 더는 존속할 수 없을 것이다. 그러나 필자가 오랜 기간 컨설팅을 수행한 경험을 바탕으로 변화하는 현재의 비즈니스 환경을 고려해 볼 때 전략과 상품(서비스)보다 더 중요한 것이 있다. 그것은 바로 기업문화와 고객 경험이다. 다시 언급하자면 기업문화가 전략보다 중요하고 앞서도 언급했지만 고객 경험이 상품이나 서비스보다 중요하다는 것이다.

4차 산업혁명 시대는 앞서도 언급한 바 있지만 감성적인 부분이 중요시되는 시대이다(Insight 16. 우뇌의 시대가 온다 참조). 즉, 논리적이고 합리적인 관점에서 비즈니스가 진행되었던 과거 환경과는 그 성격이 달라지고 있다는 것이다. 고객과의 감성적인 소통이 필요하다. 소유라는 단편적인 만족감이 아니라 개개인의 생각과 기준에 부합되는 만족스러운 경험이란 무형의 가치를 제공해야 한다는 것이다. 그렇다면 기업은 이러한 고객의 감성적인 소통과 경험이란 무형의 가치를 논리적이고 합리적이며 계산적인 전략과 잘 만들어진 높은 품질, 적절한 가격으로 포장한 상품으로 대응할 수 있을까? 필자는 이러한 부분들로는 분명히 한계가 있다고 생각한다. 감성적인 가치를 고객에게 제공하려면 기업의 감성적인 영역을 통해 대응할 수 있어야 한다. 그렇다면 기업의 감성적인 영역은 무엇을 의미하는 것일까? 그것이 바로 기업문화이다. 필자는 기업문화야말로 기업의 가장 핵심적인 경쟁력이며, 4차 산업혁명 시대에 가장 확실한 경쟁력이라고 확신한다. 전략은 모방이 가능하다. 그리고 대부분의 기업전략은 그 틀이 유사하다. 일부 영역의 차별화 포인트와 중요한 사안에 대한 경영자의 의사결정이 성패를 좌우하지만 경영전략의 틀은 과거부터 내려온 기본적인 프레임에 의해 수립되는 것이므로 전략에 대한 차별성은 그다지 크지 않으리라는 것이 필자의 생각이다. 그러나 기업문화는 다르다. 기업문화는 논리적이고 합리적인 부분이 아니라 감성적 영역이다. 감성적 영역의 핵심은 공감력이다. 이러한 영역은 모방이 불가능하다. 기업문화를 개선하기 위해 아무리 많은 투자를 한다고 하더라도 표면적으로 보이는 일부 영역에 대해서만 가능할 뿐 근본적인 기업문화를 바꾸는 것은 결코 쉬운 일이 아니다. 기업의 혁신과 변화는 바로 기업문화에서 나온다. 아무리 많은 비용을 들이고 글로벌 유명 컨설팅 펌에서 비즈니스 전략을 수립했다고 하더라도 기업문화가 이를 수용할 수 없다고 한다면 그 전략은 유용성을 가질 수 없다. 기업문화는 자발성과 능동성을 유발하며, 기업이 나가야 할 방향에 대한 공감대를 형성하는 힘이다. 변화되고 있는 비즈니스 법칙을 훌륭한 전략 수립을 통해서만 대응한다는 것은 결코 성공을 보장할 수 없다. 기업 내에서 감성적인 소통과 공감이 이루어지지 않는다면 과연 고객들과 감성적인 소통과 공감을 이룰 수 있을까? 필자는 불가능하다고 생각한다. 감성적 공감과 소통도 해본 사람들이 가능하다. 이것은 전략 수립 차원의 문제가 아니다. 바로 어떤 기업문화를 가지고 있는가의 문제인 것이다. 아무리 뛰어난 전략을 수립하여 이를 기반으로 비즈니스에 임하는 기업이라고 하더라도 전사적으로 변화에 공감하고 이를 통해 능동적으로 활동하는 기업문화를 가지고 있는 기업에게 절대로 이길 수 없을 것이다.

아울러 앞서도 언급한 바와 같이 고객 경험이 곧 상품이어야 하고, 서비스가 되어야 한다. 아무리 품질이 우수하고 적정한 가격을 가진 제품과 서비스라고 할지라도 고객이 원하는 경험을 제공하지 못한다면 의미가 없다. 현시대의 고객은 본인이 만족할 수 있는 경험을 제공한다면 기꺼이 높은 비용을 지불할 의향을 가지고 있다. 앞으로는 좋은 품질, 적절한 가격은 경쟁요소가 될 수 없다. 최근 많이 언급되고 있는 소확행은 스스로 만족할 수 있는 경험을 찾고 거기에서 행복감을 느낀다는 의미이다. 그리고 중요한 한 가지는 고객들은 우리 상품이나 서비스를 구매하기 위해 몇 가지 단계를 거치게 된다. 이를 일반적으로 '구매 여정'이라고 한다. 고객 경험은 이 구매 여정의 단계별로 제공되어야 한다. 구매 여정의 경험이 결국 우리 상품이나 서비스를 최종적으로 구매하는 의사결정을 만들어 내기 때문이다. 최근 많은 기업들은 고객의 구매 여정을 단계별로 모니터링하고 고객에게 어떠한 경험을 제공할 것인가에 대해 투자를 진행하고 있다. 그리고 디지털 기술의 발전은 이를 충분히 가능하게 하고 있다. 우리는 고객에게 어떤 경험을 줄 수 있는가? 그리고 경험을 어떻게 상품화할 것인가? 그리고 고객들의 긍정적인 경험을 어떻게 다른 고객에게 확대할 수 있을 것인가? 경험 또한 감성적인 부분이며, 이러한 고객 경험 기반의 가치를 만들어 내기 위해서는 앞서 언급한 고객과 소통하는 기업문화가 필요하다. 우리는 과연 그러한 기업문화가 형성되어 있는가? 앞서 소개한 '스타벅스'는 바로 이러한 기업문화를 보유하고 있으며, 이를 통해 고객과 공감하고 소통하는 기업으로 자리매김을 하고 있다.

비즈니스의 법칙은 앞으로 더욱 변화될 것이다. 인공지능과 로봇이 비즈니스에 본격적으로 도입되기 시작하면 비즈니스 법칙은 다시금 새로운 변화를 맞이하게 될 것이다. 그러나 중요한 것은 변화하는 환경 속에서도 비즈니스 경쟁력을 잃지 않도록 만드는 요소다. 어떠한 변화에 대해서도 충분히 대응이 가능한 요소가 있다. 그것은 훌륭한 전략도 아니고, 뛰어난 제품과 서비스도 아니다. 모든 변화에 능동적으로 대응할 수 있는 감성적 공감대가 형성된 기업문화이며, 고객이 원하는 경험을 제대로 파악하고 이를 상품화하여 제공해줄 수 있는 통찰력이다.

"문화와 경험이 전략과 상품을 이긴다."

새로운 산업환경 속에서의 비즈니스 원칙이다.

인간 욕구와 기술의 공진화

자아실현 욕구는 인간의 존엄성과 가치의 최후 보루이다

4차 산업혁명
인사이트 **22**

시대와 환경이 바뀌면 이에 따라 변하지 않는 가치가 있고 변하는 가치가 있다. 많은 경제학자들은 성공하는 비즈니스는 변하지 않는 것에 기반하여 변하는 것에 초점을 맞추는 비즈니스야말로 가장 성공한 비즈니스라고 이야기하고 있다. 이것은 무엇을 의미하는 이야기인가? 사람이 가지고 있는 근원적인 욕망의 속성은 바뀌지 않는다. 단계적으로 진보해 나갈 뿐이다. 사람은 가장 기본적인 의식주 욕구에서부터 시작해서 지금보다 더 나은 생활을 영위해 나가길 원한다. 이것은 절대로 변하지 않는 진리이다. 이것을 가장 잘 정리하여 표현한 이론이 널리 알려진 '매슬로의 인간 욕구의 5단계'이다. 인류 문명, 기술 그리고 경제의 발전은 인간 욕구의 5단계에 의해 발전해 왔다고 해도 절대 틀린 주장이 아니다. 그리고 앞으로도 이러한 패턴을 통해 인류는 지속적인 발전을 추구해 나갈 것이다. 새로운 환경을 이해하고 앞으로 다가올 미래를 예측하기 위해서는 인간의 욕구가 어떻게 기술과 경제 그리고 나아가 문명의 발전을 이끌어 왔는지에 대해 간략히 생각해 보기로 한다.

미국의 심리학자인 에이브러햄 매슬로는 인간이라면 누구나 가지고 있는 욕구를 5단계로 구분한 이론을 제시했다. 5단계의 욕구의 구분은 인간의 생존을 위해 가장 근간이 되는 것을 시작으로 점진적으로 생존과는 직접적인 영향이 없는 정신적인 영역의 욕구로 발전해 가는 형태로 구분을 했다. 가장 근간이 되는 첫 번째 욕구는 먹고살기 위한 인간의 원초적인 욕구이다. 다음 단계의 욕구는 먹고사는 욕구가 어느 정도 채워진 다음에 현재보다 좀 더 안정적인 생활을 하고자 하는 욕구이다. 채집이나 수렵으로 먹고사는 문제를 해결해 왔던 인간들이 농경사회로 전환하게 되는 가장 궁극적인 이유는 바로 인간의 안정적인 욕구에 기반한 것이라고 할 수 있다. 수렵과 채집은 떠돌이 생활이다. 떠돌이 생활은 불안정한 생활을 의미하는 것이고, 결국 인간은 농업을 통해서 정착이란 안정적 욕구를 실현하게 된다. 세 번째 인간의 욕구는 사회 귀속의 욕구이다. 사회 귀속이란 공동체 형태의 삶을 추구하게 된다는 것이다. 인간은 사회적 동물이다. 혼자서 살아가는 데는 한계가 있다. 그리고 인간은 외로움에 취약하다는 약점을 가지고 있다. 안정적 환경하에 먹고사는 문제가 어느 정도 해결이 되었을 때 사람들은 시선을 다른 사람들에게 돌리게 되며, 그들과 관계를 맺게 된다. 그리고 그러한 관계는 지역 기반 사회를 이루게 되고 나아가서는 국가를 이루게 되는 기반을 만들게 된다. 네 번째 단계는 명예의 욕구이다. 명예의 욕구는 공동체, 사회 속에서 자신의 가치를 존중받고 다른 사람들에게 자신의 권위와 힘을 과시하고 싶어 하는 욕구이다. 초기 전쟁은 식량과 안정적인 생활을 위함이었다면 중세 이후부터의 전쟁은 왕족이나 귀족 등의 권위를 위한 전쟁으로 변모되었다. 명예의 욕구는 계층적 사회구조가 생겨나고 일부 권력층에 의해 발현되었으며, 이는 수많은 피지배층의 희생을 부르는 역사적 사건을 만들어 냈다. 그리고 마지막 다섯번째 인간 욕구의 단계인 자아실현의 욕구는 인간이 스스로 존재 가치에 대해 묻고, 이를 통해 자신의 내면을 들여다보기 시작하면서 삶의 방식에 대한 다양한 견해를 내놓기 시작한다. 이러한 욕구는 종교와 철학 그리고 정치, 사회적 사상을 통해 사람들에게 많은 영향을 끼치게 되었다. 지금까지 인간의 욕구와 매슬로의 인간 욕구의 5단계를 역사적 흐름에 맞추어 정리해 보았다. 이러한 매슬로의 단계별 인간 욕구는 인류 역사를 하나의 사이클 관점으로 해석함에 있어 다양한 관점을 제공한다. 그렇다면 매슬로의 인간 욕구 5단계 이론은 산업혁명과 어떤 관련성을 가지고 있다고 볼 수 있는가? 이에 대해 생각해 보기로 한다.

한국창조경제연구회(KCERN) 이민화 이사장은 "인간의 욕구와 기술의 발전은 공진화(共進化)한다."라고 주장하고 있다. 이것은 인간의 욕구와 기술의 발전은 상호 분리되는 것이 아니라 상호 작용을 통해 함께 진화한다고 하는 의미이다. 이에 대한 내용을 매슬로의 이론을 바탕으로 설명해 보기로 한다. 앞서 매슬로의 이론을 역사적인 관점에서 정리해 보았으나 이는 역사적 흐름 관점에서의 해석이지 실질적인 인류의 삶과 욕구의 관점을 반영했다고 볼 수는 없다. 이제 이 부분에 대해 인간의 욕구와 기술발전의 차원으로 좀 더 심도 있게 살펴보도록 한다.

1차 산업혁명을 생각해 보자. 1차 산업혁명 이전에는 사람들은 일부 권력층을 제외한다면 늘 결핍에 시달리는 삶을 살아왔다. 생활에 필요한 기본적인 물자는 부족했으며, 돈이 있더라도 그 수요를 충족시키는 데 한계가 있었고 이러한 물자들은 일부 지배 계층의 욕구를 채우는 데 늘 우선적으로 공급되었다. 1차 산업혁명은 이러한 결핍의 문제를 해결할 수 있는 전환점을 제공해 주었다. 제한적인 인간의 노동이나 가축의 힘이 아닌 기계의 힘을 통해 대량으로 물자를 생산할 수 있는 기반이 만들어진 것이다. 대량 생산이 가능해짐으로 인해 생산된 물자에 대한 거래가 필요할 수밖에 없는 상황이 만들어지면서 임금이란 형태의 자본의 분배가 생겨나게 된 것이다. 이를 통해 일반 서민의 의식주는 이전보다 나은 상황으로 발전해 나가는 계기가 마련되었다. 물론 1차 산업혁명은 자본가와 노동자의 새로운 형태의 사회적 갈등구조를 만들었으나, 인간의 욕구 차원에서는 가장 기본적인 생리적 욕구를 해소할 수 있는 단초를 제공했다는 것에 큰 의미를 부여할 수 있다.

1차 산업혁명을 기반으로 하는 산업사회는 풍족하다고는 할 수 없지만 노동자나 일반 서민들에게 어느 정도 생리적 욕구를 해결할 수 있는 사회적, 경제적 기반이 제공되었다. 그러나 인간들에게 제공되는 노동 환경이나 생활 환경은 사람들을 불안과 위험 속에서 불안정한 상태에 놓이게 만들었다. 그리고 이러한 부분은 여러 가지 사회적 문제를 야기하는 원인이 되었다. 이러한 시점에서 2차 산업혁명이 도래된다. 특히 전기의 발명은 인간이 느끼고 있는 불안정성을 상당 부분 해소해 주었다. 전기는 공장에서 사람의 힘에 의존하였던 여러 유형의 고된 작업을 설비를 통해 실행할 수 있는 작업 환경으로 전환할 수 있었다. 그리고 무엇보다도 전기는 밤을 밝혀주는 전등의 발명과 보급으로 획기적인 삶의 변화를 가져오게 되었다. 인간은 일반적으로 어둠 속에서는 늘 불안정한 심리적 상태를 갖게 된다고 한다. 그런데 전기를 통한 전등의 보급은 인간을 심리적으로 안정감 있도록 만들어 주는 결정적인 계기를 제공하게 되었다. 이렇듯 2차 산업혁명의 근간이라고 할 수 있는 전기는 인간의 안정의 욕구를 해소하는 데 기반하여 그 효용성은 기하급수적으로 확대되었다고 할 수 있다.

인간은 사회적 동물이다. 즉, 인간은 상호 간 교류하며, 공감하는 공동체의 일원으로 귀속되고 싶은 본능을 가지고 있다는 의미이다. 인간의 세 번째 단계의 욕구는 사회 귀속의 욕구이다. 이러한 사회 귀속의 욕구는 3차 산업혁명을 촉진하는 계기가 되었다. 바로 정보화 혁명의 시대가 도래한 것이다. 컴퓨터가 산업 영역뿐 아니라 일반인에게 본격적으로 보급되고 인터넷의 상용화는 인간이 가지고 있는 사회적 귀속의 욕구를 충족하기 시작했다. 그동안 인간은 물리적 한계로 인해 개인이 사회에 귀속될 수 있는 범위가 매우 제한적이었지만 인터넷은 이러한 인간이 귀속할 수 있는 사회적 범위에서 물리적 제약을 없애 버리기에 충분했다. 인간이 가지고 있는 사회 귀속의 욕구가 본격적인 실현되기 시작한 것은 바로 정보화 혁명으로 불리는 3차 산업혁명의 시작과 같이한다고 해도 결코 과장된 주장은 아니다.

현재 우리는 4차 산업혁명이라고 하는 새로운 시대의 전환기를 살아가고 있다. 이 시대를 살아가고 있는 인간의 욕구를 한번 살펴보자. 이 시대의 가장 큰 특징 중 하나는 개인 스스로를 사랑하고 아끼고 있다는 점이다. 역사의 흐름을 보았을 때 인간은 늘 희생을 강요받아 왔다. 가족을 위해, 사회를 위해, 회사를 위해 그리고 국가를 위해… 그런데 현재는 희생을 강요할 수 있는 시대가 아니다. 왜냐하면 인간이 가지고 있던 1, 2, 3단계의 욕구들이 어느 정도 채워져 왔기 때문이다. 이젠 스스로를 돌아보고 자기 존재에 대해 의미를 두고 가치를 두는, 자존심과 자부심이 기반이 되는 자아를 중요시하는 시대가 되었다는 것이다. 이러한 시대는 모든 것을 자기 자신에게 맞추기를 원한다. 내가 원하는 것을 제공받기 원하며, 가장 내가 원하는 것을 제공해 주는 대상과 함께하길 원한다. 바로 4차 산업혁명의 기술들이 이러한 인간의 욕구를 가능하게 만들어주고 있다. 인간이 자신을 사랑하고 존중받기 원하는 욕구, 즉 매슬로의 인간 욕구 4단계인 명예의 욕구이다. 필자는 개인적인 의견이지만 명예의 욕구보다는 존중의 욕구가 더 현실적이지 않을까 하는 생각이다. 그러나 필자는 매슬로와 같은 석학이 아니기 때문에 명예의 욕구를 존중의 욕구로 바꾸어 주장할 수는 없지만 존중의 욕구가 명예의 욕구보다 더 현실적이라는 믿음에는 변함이 없다. 그래도 석학의 이론을 인용해 이야기를 지속하고자 한다. 4차 산업혁명은 인간의 명예의 욕구를 충족시켜 주고 있다. 4차 산업혁명은 연결의 시대이며, 데이터의 시대이다. 연결은 데이터라는 흔적을 남기게 되고 그 흔적은 개개인 인간이 원하는 유무형의 요구를 맞추어 주게 된다. 이를 통해 인간은 스스로 존중받고 있음을 느끼게 된다. 또 한 가지 SNS와 같은 소셜 미디어는 인간이 가지고 있는 명예의 욕구를 확실하게 해소해 주고 있다. 개인이 페이스북, 유튜브, 트위터 등에 올린 콘텐츠들이 수많은 조회 수와 '좋아요'를 만들어 내는 데서 명예의 욕구를 충족시키고 있다. 과거에는 생각조차 하기 어려웠던 대중의 지지를 얻어낼 수 있는 기반이 제공된 것이다. 인간이 가지고 있는 명예의 욕구와 이를 충족시켜줄 수 있는 기술 발전의 공진화가 4차 산업혁명을 통해 진행되고 있음을 우리는 확실하게 이해할 수 있다.

인간 욕구 5단계의 마지막 단계인 '자아실현'의 욕구는 어떤 기술과 공진화가 전개될 것인가? 이에 대해 구체적인 주장이나 언급은 이루어지지 않고 있다. 필자는 자아실현의 욕구를 기술적 공진화로 바라보는 것은 매우 위험한 발상이 될 수 있다는 의견을 가지고 있다. 왜냐하면 앞서 언급한 생리적 욕구, 안정의 욕구, 사회귀속의 욕구 그리고 명예의 욕구는 개인 스스로 해결할 수 있기보다는 기술의 발전과 더불어 사회, 경제, 산업 그리고 기술 환경의 변화에 의해 충족 가능한 부분이라고 할 수 있다면 자아실현의 욕구는 개인 스스로의 내면적인 욕구이기 때문이다. 개인의 내면적 욕구를 충족시킬 수 있는 기술은 아직 존재하지 않으며, 존재할 수 없다. 그러나 이를 상업적인 관점에서 간접적으로 자아실현의 욕구를 충족시킬 수 있는 기술적 대안은 존재한다. 그것은 바로 가상현실 기술이다. 현실 세계에서 충족할 수 없는 욕구를 가상 세계 속에서 실현할 수 있도록 하는 간접 체험 방식이다. 이것은 지극히 위험하고 개인과 사회에 심각한 문제를 초래할 수 있는 여지가 있다. 현실 세계에 만족하는 사람은 지극히 극소수이다. 대부분은 현실보다는 이상을 원한다. 만약 이러한 가상 현실 속에서 자아를 실현할 수 있는 방안이 제공된다면 상당수의 사람들은 가상 현실 속에 묻혀 살기를 원하게 될 것이다. 그리고 산업, 사회의 상당한 영역은 인공지능으로 대표되는 기계에 의해 대체될 것이다. 자아실현의 욕구는 인간이기에 가질 수 있는 기술로 충족이 되지 않는 가장 가치 있는 욕구이다. 기술과의 인간 욕구와의 공진화는 4차 산업혁명에 이르기까지 인간의 삶과 동기화되어 지금까지 진행되어 왔다. 그러나 인간의 자아실현의 욕구만큼은 기술과의 공진화를 원하지 않는다. 인간이 기계보다 우월한 존재임을 나타낼 수 있는 자아실현의 내면적 가치까지 기술에 충족하려 한다면 더는 인간은 그 존재가치가 기계보다 우월하다고 이야기할 수 없을 것이다.

지금까지 매슬로의 인간 욕구 5단계와 산업혁명과의 관련성을 생각해 보았다. 4차 산업혁명 인사이트에서 이 부분을 언급한 이유는 지금까지 인간의 욕구는 기술 발전을 통해 충족되어 왔다. 그리고 앞으로도 기술은 인간의 욕구를 충족시키기 위한 노력을 그치지 않을 것이다. 그러나 인간 개인의 존엄성과 가치의 최후의 보루하고 할 수 있는 자아실현의 욕구까지 기술에 의존한다면 이는 영화에서 보여주고 있는 〈매트릭스〉와 같은 암울한 미래를 맞이하게 될 것이다. 자아실현 욕구는 개개인의 생각과 관점, 사회적 관계 그리고 가장 중요한 스스로의 노력에 의해 성취될 수 있는 과정과 진리는 절대로 기계에 의존해서는 안 될 것이다.

새로운 변화에 맞는 거버넌스가 필요하다

기술에 종속될 것인가, 기술을 주도해 나갈 것인가?

4차 산업혁명
인사이트 **22**

'히포크라테스 선서'는 모든 의사의 윤리에 대한 선서문이다. 히포크라테스의 선서문에는 "모든 환자의 이익을 해하지 않을 것이며, 심신에 해를 주는 그 어느 것도 멀리할 것이다. (중략) 누가 나에게 요청을 하더라도 나는 극약을 처방하지 않을 것이다. (중략) 병자의 이익을 위해 그들에게 갈 것이며 어떠한 해악이나 부정한 행위를 멀리할 것이며, 남성 혹은 여성, 시민 혹은 노예의 유혹을 멀리할 것이다."라는 문구가 들어가 있다. 요약하자면 의술을 정의롭고 올바르게 활용함으로써 사람들의 생명을 소중히 여기는 의무와 책임을 다하겠다는 의미로 이해할 수 있다. 앞으로의 시대는 IT 업종에 종사하는 사람들이 이러한 히포크라테스 선서와 같이 IT 전문가로서 윤리의 기반하에 책임과 의무를 다하겠다는 선서를 해야 하는 시기가 도래하지 않을까 하는 것이 필자의 생각이다.

최근 거버넌스(Governance)란 단어가 여러 영역에서 많이 사용되고 있다. 거버넌스란 일반적으로 조직과 관련된 이해관계자들의 이해를 조정하고 조직의 의사를 결정하는 체계로 조직의 전략과 목표를 유지하고 사용/통제하는 업무 프로세스나 조직 구조의 운영 체계로 정의하고 있다(네이버 지식검색 인용). 최근에는 기업이 사업상의 목적을 달성하기 위해 주어진 자원을 무분별하게 사용하거나 비윤리적으로 활용하는 부분에 대한 통제와 억제까지도 거버넌스의 범주에 포함하여 그 의미를 이해하고 있는 것이 일반적이다. '클라우드 슈밥' 교수는 4차 산업혁명과 관련한 그의 두 번째 저서인 『The Next』에서 4차 산업혁명의 물결은 이제 피할 수 없는 현실이며, 이제는 실천의 단계임을 강조했다. 그리고 실천의 단계에서 중요한 것은 우리에게 제공되거나 기술에 대한 올바른 이해와 이를 접하고 사용하는 새로운 사고의 정립이 필요함을 언급하며, 이에 대해 기술과 사회에 대한 거버넌스 체계의 재정립이 무엇보다 중요함을 강조하였다. 모든 기술은 사람이 보다 윤택하고 편리한 삶을 살아가기 위함을 목적으로 개발되었다. 그러나 이러한 기술이 본연의 기능으로 사용되지 못했을 경우에는 인류의 생존을 위협할 수 있는 엄청난 재앙으로 다가올 수 있음을 우리는 인류 역사를 통해 알 수 있다. 4차 산업혁명을 뒷받침하고 있는 많은 기술들은 이제 우리의 삶에서 떼려야 뗄 수 없는 필수 불가결한 요소가 되어 가고 있다. 그러나 우리가 기술을 활용하는 것이 아니라 우리가 그 기술들의 노예가 되는 징조가 이미 산업과 사회 곳곳에서 현실로 나타나고 있는 것을 부인할 수 없다. 사람들은 이전에 경험하지 못한 디지털 서비스에 대해 자신도 모르는 사이에 중독되고 있는 현상이 일어나고 있다는 것이다. 물론 이러한 현상이 사회와 산업 전반에 긍정적인 방향으로 흘러간다면 전혀 문제될 것이 없다. 오히려 이를 장려해야 하지만 실상은 그렇지 못하다는 것이다. 그렇다면 4차 산업혁명의 기반이 되는 디지털 기술의 발전이 어떠한 사회적, 산업적 문제를 야기할 수 있는지에 대해 몇 가지만 생각해 보기로 한다.

몇 해 전 여름 '포켓몬 고'라는 게임이 세상을 떠들썩하게 한 일이 있었다. 스마트폰 카메라로 주변을 보면 TV에서 한참 유행했던 포켓몬스터라는 캐릭터가 나타나고 이를 잡으면 보상을 주는 게임으로 전 세계적으로 선풍적인 인기를 누렸으며, 한국도 예외는 아니었다. 길거리에서 스마트폰을 보며 이리 뛰고, 저리 뛰어다니는 사람들의 모습을 흔하게 볼 수 있었다. 대부분은 청소년이나 20대 젊은 계층이었으나 중, 장년층도 포켓몬 고 게임에 빠진 사람들을 어렵지 않게 볼 수 있었다. 가상의 캐릭터를 찾기 위해 동분서주하며, 이에 대해 흥분과 성취감을 느끼고 있는 우리의 다음 세대인 창소년을 비롯한 젊은 층을 보면서 기성세대들은 과연 어떤 생각들을 하고 있는가? '포켓몬 고'는 '증강현실(AR, Augmented Reality)' 기술로 구현한 게임이다. 현실과 가상이 혼합된 세상 속에서 실상이 아닌 허상을 통해 만족감을 추구하는 것, 게임이라는 상업적인 관점에서는 성공작이라고 할 수 있으나 과연 이러한 현상을 우리는 긍정적으로 평가하고 독려할 수 있는가? 2018년에 개봉된 스티븐 스필버그 감독의 〈레디플레이 원〉이란 영화가 있다. 이 영화는 아예 현실이 아닌 가상 현실 속에서 영웅이 되어 세상을 구한다는 내용의 영화다. 어렵고 암담한 현실 세계를 벗어나 자신이 주인공이 되고 영웅이 되어 하고 싶은 것을 마음대로 행할 수 있는 가상 현실이 있다면 누가 현실 속에서 보다 나은 내일을 위해 노력하겠는가? 이렇듯 현실이 아닌 가상의 공간에서 만족감을 얻을 수 있도록 하면서 현실을 회피하게끔 만들게 하는데 사용되는 가상 현실(VR, Virtual Reality) 기술에 대해 우리는 열광해야 하는 것인가? 물론 이러한 기술들은 산업 및 사회 전반의 발전과 기여를 위한 목적으로 개발되었을 것이다. 그러나 실상은 사람들의 원초적인 욕구를 충족시키면서 현실의 어려움을 도피하기 위한 피난처의 역할로 그 본질이 변화되어가고 있으며, 이에 대해 특히 우리 젊은 세대들은 열광하고 몰입해 가고 있는 것이 이미 닥쳐온 현실이다. 최근에 필자가 들은 이야기는 인간의 원초적인 욕구에 기반한 범죄 상황을 가상 현실 속에서 체험하게 만들어서 현실 속에서 범죄 발생률을 예방한다는 취지의 시스템이 개발되고 있다고 한다. 과연 이것이 올바르고 정당한 현상이라고 볼 수 있는가? 앞의 사례는 디지털 기술이 일상화되고 보편화되는 과정 속에서 우리에게 직면하는 현상 중 하나이다. 그렇다면 4차 산업혁명으로 명명되는 디지털 기술의 보편화 시대에 우리가 직면하게 될 거버넌스 차원의 이슈들은 어떤 것들이 있을지에 대해 몇 가지만 생각해 보기로 한다.

첫 번째로는 새로운 양극화의 도래이며, 이 양극화는 극단적인 사회 계층 구조를 만들어 낼 것이라는 점이다. 이 점은 미래학자들과 많은 전문가가 실제로 우려하고 있는 부분이다. 그 이유는 기술의 발전 중심에 인간이 점진적으로 배제되고 있으며, 기계에 의해 인간의 자리가 대체되고 있다는 점이다. 기술 개발이 인간을 윤택하고 보다 나은 삶의 질을 보장하기 위해 개발되는 인간 중심적 방향과는 거리가 멀어지고 있다는 것이다. 물론 의료 영역을 포함한 복지 영역이나 일상생활 관점에서 인간의 삶이 보다 나아지도록 많은 기술들이 보급되고 있는 것은 명확한 사실임에 틀림없으나, 이러한 혜택을 누리기 위해서는 사람들의 경제적 능력이 뒷받침이 되어야 한다. 그러나 실제로 수입을 창출하는 산업 현장에서 인간은 기계에 의해 대체되고 있다. 그리고 이를 통해 얻어지는 극단적인 생산성은 극소수의 기업주에게 상상을 초월하는 부를 가져다줄 것이다. 아울러 디지털 기술을 통해 경제, 사회, 문화 및 정치 전반에 영향력을 끼치는 계층은 현재와는 비교할 수 없는 부와 권력을 쥐게 될 것이고 이들의 영향권에 있는 절대다수의 사람들은 풍요로운 인프라 여건 속에서 극심한 곤궁의 삶을 살아가는 여건에 이르게 될 수도 있을 것이다. 이것이 우려되는 첫 번째 현상이다. 이러한 현상은 국가 내에서뿐 만이 아니라 국가 간에도 극심한 양극화 현상은 나타날 것이다. 디지털 기술 기반의 인프라가 잘 정비되어 있는 나라와 그렇지 못한 나라, 즉 디지털 기술의 혜택을 직접적으로 누리는 나라와 그렇지 못한 나라 간에는 엄청난 격차의 부의 쏠림 현상이 나타날 것이며, 이는 국가 간의 새로운 종속관계를 만들어 내는 등의 심각한 부작용을 야기하게 될 것이다.

두 번째로는 데이터와 정보를 기반으로 하는 새로운 제국주의의 출현이다. 이 제국주의의 주체는 국가가 아닌 기업이 될 것이다. 이미 우리는 데이터와 정보를 기반으로 하는 국경을 초월한 플랫폼 제국인 초거대 기업의 영향권에 들어와 있는 것을 부인할 수 없다. 아마존, 애플, 페이스북 그리고 구글 등 디지털 산업을 주도하는 이들 기업은 이미 국경을 넘어서 절대적인 영향력을 행사하고 있으며, 이러한 영향력은 시간이 지나면 지날수록 더욱더 심화될 것이다. 이러한 현상은 예측이 아닌 현실이고 필연이다. 왜냐하면 이미 우리가 생산하는 모든 데이터와 정보는 그들의 플랫폼에 차곡차곡 쌓여 나가고 있기 때문이다. 전 세계에서 가장 많은 인구를 가진 국가가 어디라고 생각하는가? 중국? 인도? 가장 많은 인구를 가진 국가는 페이스북이란 플랫폼이다. 페이스북의 사용자는 이미 25억 명에 육박하고 있다고 한다. 중국과 인도 등 인구가 10억을 넘어선 국가의 경우도 모든 인구가 어떤 생각을 하고 있는지… 어떤 활동을 하고 있는지… 파악하는 것은 불가능하다. 그러나 페이스북은 모든 가입자들이 어떤 정보를 생산하고 있는지 파악할 수 있다. 그리고 그 정보를 통해 모든 가입자를 모니터링할 수 있다. 그들은 수십억 명에 달하는 그들의 국민(가입자)에게 생일이나 특정 기념일에 축하 메시지를 보내주고 있다. 어느 국가가 국민의 생일이나 기념일 챙겨주고 있는가? 구글이 최근 음성 전화번호 안내 서비스를 활성화하고 있다고 한다. 그 이유를 아는가? 사용자들의 음성 패턴을 인식하여 향후 모든 음성 기반의 플랫폼의 선도적인 위상을 확보하기 위함이다. 아마존은 어떤가… 아마존은 온라인 시장에서 확보한 데이터와 정보를 통해 오프라인 시장마저 싹쓸이를 하기 위한 시동을 걸고 있다. 이러한 초대 플랫폼 기업들은 하나둘씩 관련 경쟁 기업들을 무너뜨리고 국경을 무의미하게 만들며 데이터와 정보를 독점해 나가고 있다. 앞으로 모든 환경이 디지털 기반으로 구성될 것이라는 필연적인 미래는 데이터와 정보를 소유하는 자가 모든 것을 소유하는 시대로 이끌 것이다. 그러한 상황 속에서 일부 초거대 기업은 과거 제국주의와 같은 위상을 통해 급속도로 변화하는 세상을 무서운 속도로 잠식해 나가게 될 것이다.

세 번째로는 가장 심각한 문제로 판단되는 기술적 윤리 문제이다. 이 문제는 향후 10년, 20년 후에 인류가 어떠한 모습으로 영위해 나가고 있을 것이냐의 문제로 귀결된다. 일반적으로 2030년 정도가 되면 인공지능이 사람의 지능을 뛰어넘는 시점이 온다고 한다. 이 시점을 싱귤레리티라고 한다. 이 시기가 되면 사람과 기계가 동료가 되어 공존하거나 아니면 기계에 사람들이 종속되어 살아가거나 둘 중의 하나인 세상이 온다고 한다. 이것을 심각하게 받아들여야 한다. 이것은 현재 사회의 핵심 역할을 하고 있는 40, 50대의 문제가 아니라 그들의 자녀들과 직결된 문제이기 때문이다. 영화 〈매트릭스〉와 같은 세상이 오지 않는다고 장담할 수 없다. 이것은 기술을 개발하고 적용하는 윤리적인 문제와 직결될 수 있다. 대부분의 기업들은 모든 기술을 수익을 창출하는 원천으로 바라보며 돈이 된다면 법에 저촉이 되지 않는 범위 내에서 기술을 상용화할 것이다. 보다 자극적이고 현실의 복잡함과 스트레스에서 완전히 벗어날 수 있는 그 무엇인가를 찾는 젊은 세대들의 입맛에 딱 들어맞는 그러한 제품과 서비스를 거리낌 없이 만들어 낼 것이다. 그리고 기업의 경영자들은 인공지능으로 장착된 기계들을 통해 사람들이 수행하던 업무들을 빠른 속도로 대체해 나갈 것이며, 그러한 기계를 관리하는 부서와 교육하는 부서가 생겨날 것이다. 그리고 이러한 기계를 소유하고 관리/운영하는 극소수의 인력은 앞서도 언급했지만 상상을 초월한 부를 누리게 될 것이다. 이 또한 기업가들의 윤리적 관점에서 바라보아야 하는 사항이다. 기술이 인간의 모든 생활 속에 절대적인 영향을 미치게 되는 세상에서 기술을 개발하고 활용하는 관점에서 윤리적 의식은 향후 인류의 생존과 번영에 결정적인 영향을 미칠 수 있는 요소가 될 것이다.

이 밖에도 예상되는 거버넌스 관점의 이슈로는 과다한 정보의 무분별한 생산으로부터 야기되는 각종 산업과 사회 전반에 걸친 문제들 가령 최근 많이 대두되고 있는 가짜 뉴스와 같은 현상은 앞으로 더욱더 심화될 것이다. 또한 앞서도 언급한 바와 같이 가상과 현실의 오버랩으로 인한 인간 정체성 상실의 문제, 기계에 대한 높은 의존도로 인한 인간 지능과 문제 해결 등의 그동안 인간이 세상을 지배할 수 있는 원동력이었던 인간 고유 역량의 점진적인 퇴화 문제 등 거버넌스 차원의 수많은 이슈들이 우리에게 닥쳐올 것이다. 클라우드즈 슈밥 교수는 그의 저서인 『더 넥스트』에서 디지털 기술의 발전 그 자체를 중시해서 기업에게 개발의 자율권을 주게 되면 그동안 수많은 노동자들이 수 세기에 걸쳐 피와 땀으로 얻어낸 노동자들의 권리와 보호장치를 무기력하게 만들 것이라고 경고하고 있다. 그렇다면 이러한 이슈들을 어떻게 바라보고 대응을 해야 하는가? 이러한 문제에 대한 답을 찾지 않고 우리는 4차 산업혁명을 통해 다가올 미래의 장밋빛을 기대하기 힘들다. 이러한 이슈와 문제들에 대해 규제와 법규를 강화하는 통제적인 관점에서 해결할 수 있을 것이라고 생각하는 사람은 거의 없을 것이다. 새로운 시대에 맞는 새로운 운영 방식이 필요하다. 통제보다는 조정의 방식이 필요할 것이며, 기술을 개발하고 활용하는 전문가들에게 인문적, 윤리적 소양을 함양시키는 데 많은 투자가 필요할 것이다. 정부는 부의 공정한 분배를 위한 세제의 개혁이 필요할 것이며, 사람들이 삶의 의미를 찾는 차원에서의 노동의 가치를 부각시키는 사회적 기업의 설립에 많은 노력과 투자를 기울여야 할 것이다. 또한 초등학교부터 이미 100년 가까이 된 고리타분한 교육 과정보다는 인문과 윤리적 관점에서 올바른 생각을 할 수 있는 사회인의 기본적 소양을 확보하는 데 중점을 두는 교육 정책이 필요할 것이다. 그리고 기술윤리위원회를 사회 전 분야의 각계각층 인사로 구성하여 기술에 대한 윤리적 차원의 검증과 이에 대한 조정의 기능을 갖게끔 해야 할 것이다. 아울러 사회적 약자에 대한 기술의 혜택이 골고루 돌아갈 수 있는 복지 차원의 사회 안전망 구축에 정부를 비롯한 기업의 사회적 책임 차원의 적극적인 참여가 제도적으로 운영되어야 할 것이다. 그리고 이러한 모든 사항들을 종합적으로 기획하고 운영할 수 있는 국가 차원의 거버넌스 프레임의 구축과 이에 대한 조직적인 인프라가 갖춰져야 할 것이며, 이러한 거버넌스 프레임은 단지 한 국가에 국한된 것이 아닌 글로벌 차원에서 공동으로 운영되는 체계를 갖추어야 할 것이다.

    4차 산업혁명은 산업혁명 차원이 아닌 인류의 삶의 모습과 형태를 완전히 바꾸어 버릴 수 있는, 지금과 전혀 다른 세상을 도래시킬 것이다. 그래서 필자는 4차 산업혁명 시대를 1, 2, 3차 산업혁명의 다음인 Next age로 보지 않는다. 4차 산업혁명은 Another age, 즉 지금과는 다른 시대가 도래하고 있는 것으로 확신한다. 다른 시대는 새로운 시각과 관점에서 이를 운영하고 조정할 수 있는 새로운 패러다임을 요구한다. 그래서 '거버먼트'가 아닌 '거버넌스'의 개념이 필요한 것이다. 새로운 기술에 대비하는 것도 중요하지만 이러한 기술이 우리에게 미칠 영향에 대한 고민과 이에 대한 대응을 위한 우리의 고민이 절실한 시점이다.